ERSTE AUSGABE - Veröffentlicht 2022

Extra Grafikmaterial von: www.freepik.com
Dank an: Alekksall, Starline, Pch.vector, Rawpixel.com, Vectorpocket, Dgim-studio, Upklyak, Macrovector, Stockgiu, Pikisuperstar & Freepik.com Designers

Kostenlose Online-Spiele Entdecken

Hier Erhältlich:

BestActivityBooks.com/FREEGAMES

5 TIPPS FÜR DEN ANFANG!

1) LÖSUNG DER RÄTSEL

Die Puzzles haben ein klassisches Format :

- Die Wörter sind ohne Abstand, Bindetrich usw… versteckt
- Richtung : vor-& rückwärts, auf & ab oder in der Diagonale (beider Richtungen)
- Die Wörter können übereinanderliegen oder sich kreuzen

2) AKTIVES LERNEN

Neben jedem Wort ist ein Abstand vorgesehen zum Aufschreiben der Übersetzung. Um ihre Kenntnisse zu überprüfen und zu erweitern befindet sich am Ende des Buches ein **WÖRTERBUCH**. Suchen sie die Übersetzungen, schreiben sie sie auf, dann können sie sie in den. Puzzles suchen und ihrem Wortschatz hinzufügen.

3) ANZEICHNUNG DER WÖRTER

Haben sie schon einmal versucht eine Anzeichnung zu verwenden? Sie könnten zum Beispiel die Wörter, die schwer zu finden sind, ankreuzen, die Wörter, die sie lieben, mit einem Stern, neue Wörter mit einem Dreieck, seltene Wörter mit einem Diamant usw … anzeichnen

4) IHR LERNEN ORGANISIEREN

Am Ende dieser Ausgabe bieten wir auch ein praktisches **NOTIZBUCH** an. Ob im Urlaub, auf Reisen oder zu Hause, sie können ihr neues Wissen ganz einfach organisieren, ohne ein zweites Notizbuch zu benötigen!

5) SIND SIE AM SCHLUSS ?

Gehen sie zum Bonusbereich : **MONSTER-HERAUSFÖRDERUNG,** um ein kostenloses Spiel zu finden, das am Ende dieser Ausgabe angeboten wird !

Lust auf mehr Spaß und **Lernaktivitäten? Schnell und einfach :** eine ganze Spielbuchsammlung mit einem einzigen Klick erhaltbar :

Mit diesem Link finden sie ihre nächste Herausforderung :

BestActivityBooks.com/MeineNachsteWortsuche

Achtung, fertig, …. Los !!

Wussten sie, dass es auf der Welt ungefähr 7.000 verschiedene Sprachen gibt ? Wörter sind kostbar.

Wie lieben Sprachen und haben schwer daran gearbeitet, die Bücher von höchster Qualität für sie zu entwerfen. Unsere Zutaten ?

Eine Auswahl von angepassten Lernthemen, drei große Scheiben Spaß, dann fügen wir einen Löffel schwieriger Wörter und eine Prise seltener Wörter hinzu. Wir servieren sie mit Sorgfalt und ein Maximum an Freude, damit sie die besten Wortspiele lösen und Spaß am Lernen haben.

Ihre Meinung ist wichtig. Sie können aktiv zum Erfolg dieses Buches beitragen, indem sie uns eine Bemerkung hinterlassen. Sagen sie uns, was ihnen an dieser Ausgabe am besten gefallen hat !!

Hier ist ein kurzer Link, der sie zu ihrer Bewertungsseite führt

BestBooksActivity.com/Rezension50

Vielen Dank für ihre Hilfe und viel Spaß

Linguas Classics

1 - Gesundheit und Wellness #2

```
A  S  B  N  I  A  H  R  N  N  Y  Z  Z  U  C  Q
N  T  U  S  S  N  F  I  L  M  L  U  U  O  D  C
A  R  L  E  A  A  F  M  N  O  N  A  S  L  A  M
T  E  M  U  N  S  E  E  E  T  I  B  Z  U  O  I
O  Ĉ  U  K  G  O  W  L  K  I  R  I  V  K  G  D
M  O  E  Q  O  T  E  I  D  T  M  O  P  F  R  W
I  Ĝ  P  X  L  Z  T  Y  F  E  O  D  O  D  E  A
O  A  H  L  A  W  E  V  H  P  R  A  N  F  H  G
I  S  J  O  T  R  O  P  S  A  R  G  I  Y  I  E
R  A  T  O  I  G  R  E  N  E  M  V  M  B  G  N
I  M  Q  E  P  U  B  W  F  V  N  M  A  S  I  E
S  M  C  N  S  V  S  F  C  C  I  D  T  U  E  T
K  B  R  E  O  D  R  K  A  L  O  R  I  O  N  I
O  M  S  O  H  M  T  Z  K  R  U  W  V  I  O  K
J  P  I  Q  D  A  L  E  R  G  I  O  M  T  C  O
M  L  S  I  C  G  D  U  Y  U  L  Q  T  B  A  Z
```

ALERGIO	INFEKTO
ANATOMIO	KALORIO
APETITO	HOSPITALO
SANGO	MALSANO
DIETO	MASAĜO
ENERGIO	RISKOJ
GENETIKO	DORMI
SANA	SPORTOJ
PEZO	STREĈO
HIGIENO	VITAMINO

2 - Ozean

```
S  E  B  Ŝ  O  L  P  H  H  G  V  O  I  G  D  H
A  O  O  T  X  Q  I  Q  C  I  P  N  K  Q  W  U
L  T  A  O  F  I  R  B  X  X  X  D  O  I  D  L
I  Q  T  R  I  S  S  X  X  T  M  O  R  I  L  Y
K  Y  O  M  R  O  S  T  R  O  L  J  A  I  Y  T
O  C  G  O  U  B  P  G  P  G  P  N  L  V  C  Y
K  F  L  X  Q  A  W  Z  A  N  B  O  O  K  D  G
O  F  A  I  I  R  O  X  H  O  A  Q  L  T  K  Y
M  P  T  W  Z  K  L  S  Z  P  Q  D  H  P  J  M
Q  N  E  I  M  O  E  F  H  S  Y  I  M  C  O  M
N  W  I  I  N  D  S  I  M  E  D  U  Z  O  J  H
S  P  N  T  E  U  Q  Ŝ  T  O  A  N  G  I  L  O
A  A  I  I  O  T  S  O  B  A  L  E  N  O  Q  T
A  X  L  A  G  S  I  O  Ŝ  A  R  K  O  W  L  D
H  V  E  O  N  E  F  L  E  D  W  R  V  I  L  H
J  P  K  I  B  T  J  M  C  Q  C  W  M  K  G  P
```

ANGILO	MEDUZOJ
OSTRO	RIFO
BOATO	SALO
DELFENO	TESTUDO
FIŜO	SPONGO
SALIKOKO	ALGO
ŜARKO	ŜTORMO
KORALO	TINUSO
KRABO	BALENO
POLPO	ONDOJ

3 - Krankheit

```
G  H  I  C  H  R  F  S  F  D  H  J  F  J  G  K
T  E  H  N  K  I  A  O  A  Ĝ  A  T  N  O  K  O
V  R  E  J  F  Y  Z  T  T  N  F  H  Q  T  U  R
I  E  F  S  O  L  Q  C  U  Q  O  H  L  S  Q  P
I  D  C  O  K  F  A  G  K  J  R  H  D  O  J  O
I  A  R  I  I  E  M  M  A  H  A  W  Z  K  R  S
Y  M  I  O  T  G  P  V  O  E  C  Z  P  I  M  U
I  A  U  N  E  U  R  O  P  A  T  I  O  N  U  N
I  Y  A  N  N  M  A  L  F  O  R  T  A  O  X  I
G  X  D  N  E  B  A  K  T  E  R  I  O  R  S  S
O  V  N  R  G  C  T  E  R  A  P  I  O  K  P  C
Y  T  X  W  N  V  O  M  O  R  D  N  I  S  I  K
D  B  X  H  P  G  D  M  O  G  C  W  D  R  R  O
A  L  E  R  G  I  O  J  B  T  F  Z  V  C  A  R
W  I  P  H  I  A  B  D  O  M  E  N  A  J  N  O
T  W  O  I  W  L  T  W  L  G  O  K  M  V  O  U
```

ABDOMENAJ	SANO
AKUTA	KORO
ALERGIOJ	IMUNECO
KONTAĜA	OSTOJ
SPIRA	KORPO
BAKTERIO	NEUROPATIO
KRONIKO	MALFORTA
INFLAMO	SINUSO
HEREDA	SINDROMO
GENETIKO	TERAPIO

4 - Meditation

```
A H O O P S K F D O Q F S Y I T
K M H R E S P L Y R O M R K N R
C X I X N I I I A N W K U O S A
E D H W S L U T R R R N R B T N
P R W N O E Q X Y A E W X K R K
T Q J A J N O K N A D C V M U V
O X U T I T A X O Q V O O W O I
P N X U G O T A P M O K E X Q L
M A B R A F A F A W Ĉ F K Q C E
Y U C O C Q F C C S I N T E N O
X R Z M H D C V O D L O Z A Y S
P I E I S T X A C J E L U T O N
M F Q X K K K Y S L F Z L E H E
S U V L J O D A V O M A T N E M
P E R S P E K T I V O H V T S Z
K M A L D O R M A W W Z F U H D
```

AKCEPTO
SPIRADO
ATENTU
MOVADO
DANKON
PACO
PENSOJ
MENTA
FELIĈO
SINTENO

KLARECO
INSTRUO
KOMPATO
MUZIKO
NATURO
PERSPEKTIVO
TRANKVILE
SILENTO
MENSO
MALDORMA

5 - Archäologie

```
P  I  G  R  A  B  K  R  K  U  M  B  E  R  G  L
A  T  D  T  P  U  U  S  K  Q  H  G  V  Q  Z  M
S  J  X  F  K  M  B  S  P  O  R  E  T  S  I  M
C  A  O  U  H  U  H  E  X  E  S  V  H  H  Z  Q
R  E  S  T  A  Ĵ  A  S  O  E  R  T  S  L  R  V
C  T  X  J  C  W  S  E  N  Y  L  T  O  V  T  C
I  D  I  P  R  O  F  E  S  O  R  O  A  J  A  K
V  O  Q  P  L  K  Z  V  L  Z  A  V  Q  O  K  P
I  G  T  S  H  O  L  I  S  O  F  P  N  L  S  O
L  N  E  H  O  P  J  I  L  V  Z  I  X  E  O  S
I  G  A  L  X  E  W  F  L  A  P  U  X  C  L  T
Z  A  M  E  I  Q  N  F  O  X  N  N  O  T  O  E
O  A  O  N  E  K  O  N  A  T  A  A  U  O  B  U
E  S  P  L  O  R  I  S  T  O  P  O  N  M  Q  L
X  Q  Y  R  F  O  R  G  E  S  I  T  A  B  X  O
S  W  J  B  X  T  E  M  P  L  O  M  J  O  D  O
```

ANALIZO	TEAMO
TAKSO	POSTEULO
EPOKO	CELOJ
SPERTA	PROFESORO
ESPLORISTO	RESTAĴA
FOSILO	TEMPLO
MISTERO	NEKONATA
TOMBO	FORGESITA
OSTOJ	CIVILIZO

6 - Gesundheit und Wellness #1

```
V  Z  J  G  B  B  I  T  N  Z  R  N  B  W  K  T
W  Z  T  C  K  P  I  U  E  R  Q  P  L  Z  C  R
J  W  S  P  A  I  T  C  F  R  Q  J  C  G  L  A
M  E  D  I  C  I  N  O  J  R  A  H  Z  N  P  K
S  R  Z  Z  E  N  M  C  M  Z  A  P  O  J  T  T
J  O  V  R  E  N  T  O  W  Y  Z  K  I  H  J  A
O  D  N  U  V  Z  B  B  S  Z  W  S  T  O  O  D
N  Z  F  Q  U  W  P  F  S  T  G  Q  W  U  I  O
O  K  E  T  O  P  A  N  R  B  O  S  D  D  R  I
M  A  L  S  T  R  E  Ĉ  I  Ĝ  O  J  A  O  E  O
R  O  Z  K  L  I  N  I  K  O  M  S  K  K  T  T
O  S  K  E  L  F  E  R  O  W  I  M  T  T  K  A
H  U  M  V  S  B  B  A  Q  P  T  X  I  O  A  H
Y  R  J  T  Q  L  D  K  O  H  U  C  V  R  B  P
X  I  I  V  L  U  A  I  M  P  K  W  A  O  T  L
B  V  D  I  Z  G  A  L  T  O  T  A  S  L  A  M
```

AKTIVA
APOTEKO
DOKTORO
BAKTERIOJ
TRAKTADO
MALSTREĈIĜO
FRAKTURO
KUTIMO
HORMONOJ
ALTO

MALSATO
KLINIKO
OSTOJ
MEDICINO
NERVOJ
REFLEKSO
TERAPIO
VUNDO
VIRUSO

7 - Obst

```
K  E  P  K  P  A  P  A  J  O  N  M  X  C  Q  A
R  H  R  T  O  R  E  B  N  I  V  P  E  V  H  N
U  Y  U  F  R  K  J  H  E  V  T  S  Z  F  J  A
S  H  N  J  I  O  O  Ĝ  N  A  R  O  I  Z  K  N
O  J  O  A  P  N  N  S  X  K  T  Z  B  L  H  A
V  D  E  C  F  I  A  H  O  I  Z  I  N  E  R  S
T  E  P  T  D  R  N  Y  A  V  L  R  B  P  R  O
U  N  O  M  O  A  A  O  N  O  L  E  M  G  Z  O
P  D  M  I  V  T  B  M  Z  F  P  Ĉ  N  K  V  K
U  I  O  T  O  K  I  R  B  A  L  Q  D  N  U  N
M  O  N  B  I  E  E  B  U  O  Z  U  R  Z  E  J
J  P  O  P  X  N  G  P  F  A  V  O  K  A  D  O
P  E  R  S  I  K  O  Y  J  X  A  V  H  L  R  T
P  K  T  A  A  Q  E  R  H  E  Y  M  D  B  V  X
C  W  I  F  X  F  K  T  G  S  H  U  W  M  S  Q
U  T  C  W  S  Z  U  Z  V  F  O  T  B  G  Z  I
```

ANANASO	KIVO
POMO	KOKOSO
ABRIKOTO	MELONO
AVOKADO	NEKTARINO
BANANO	ORANĜO
BERO	PAPAJO
PIRO	PERSIKO
RUSO	PRUNO
FRAMBO	VINBERO
ĈERIZO	CITRONO

8 - Einwanderung

```
P  L  E  N  K  R  E  S  K  U  L  O  J  N  Z  G
W  W  J  B  D  H  P  O  U  B  W  J  D  S  C  L
W  I  L  L  K  J  W  E  J  O  H  O  K  X  H  I
N  N  O  V  G  N  I  L  S  G  A  N  M  O  E  M
X  P  Ĝ  Z  Q  Q  K  O  M  U  N  I  K  O  L  O
P  O  O  D  A  C  O  G  E  N  S  P  T  F  P  J
T  R  J  V  F  I  N  A  N  C  A  D  O  F  O  S
C  O  O  T  L  N  H  C  C  A  P  R  O  B  O  T
S  I  S  C  U  O  E  J  W  K  Z  S  W  T  K  R
C  C  J  A  E  C  S  O  T  K  E  T  O  R  P  E
W  A  K  F  H  S  T  N  J  G  R  W  F  E  O  Ĉ
V  U  R  P  C  Q  O  A  Y  M  B  L  I  B  Y  O
G  T  G  B  V  C  N  F  L  F  H  K  C  K  O  O
L  I  M  D  A  T  O  N  L  E  Ĝ  O  I  A  Z  Q
V  S  B  A  E  R  Q  I  L  Y  O  I  R  S  T  V
A  D  M  I  N  I  S  T  R  O  H  Z  O  U  J  K
```

PLENKRESKULOJ
FINANCADO
LIMDATO
LOĜOJ
APROBO
LEĜO
LIMOJ
HELPO
INFANOJ
KOMUNIKO

SOLVO
OFICIRO
PROCESO
PROTEKTO
SITUACIO
LINGVO
STREĈO
NEGOCADO
ADMINISTRO

9 - Universum

```
Y K M S R C F P A I G K E F G O
R U Q U W D N F O C C E C W A R
Z O D I A K O P W L L Y N W L B
A S T E R O I D O Y R E A D A I
K M S E J G E E L B E D I V K T
K O S M A T E L E S K O P O S O
W L N F F O O P I S L M S Z I Y
D B E U M M I C Ĉ O A U S Q O P
Q O T R L O M K V L T L Y U L P
Y R B D F N O N X S I L X K N S
H O R I Z O N T O T T A P A N A
Ĉ T N K U R O A Y I U M I U P I
I A O B B T R D M C D R L B R J
E V N N K S T L Z O O C V M A J
L K S J X A S A T M O S F E R O
A E C G O W A H E M I S F E R O
```

ASTEROIDO
ASTRONOMO
ASTRONOMIO
ATMOSFERO
EKVATORO
LATITUDO
MALLUMO
GALAKSIO
HEMISFERO
ĈIELO

ĈIELA
HORIZONTO
KOSMA
LUNO
ORBITO
VIDEBLE
SUNA
SOLSTICO
TELESKOPO
ZODIAKO

10 - Camping

```
C A U N K B C Ŝ C K P V B K T W
L T V W Q N I M N F O D A S A Ĉ
Z E K E L A G O R U N I D T S C
O N Y V N Q Q P X V R D B N Y M
N D W W S T L A U A E O L U N O
A O C A O O U M Z B T N B O M D
T H Y D V J Z R N H N C F N K T
U K M F E Q E A O R A B R A P X
R A M U Z A D J S X L M B B D I
O H S K A N U O A F Q A A A I N
M G C U H J X T P A W S Y K V S
Ĉ A P E L O L S M J M T D Y O E
V F S T Z T J E O R N I P Q Q K
V A N H H N O B K O I T D H G T
P A D A R O T M C W Z U M L I O
C W N W N M I Z H F G W U T N N
```

AVENTURO	KOMPASO
MONTO	LANTERNO
FAJRO	LUNO
HAMAKO	NATURO
ĈAPELO	LAGO
INSEKTO	ŜNURO
ĈASADO	AMUZA
KABANO	BESTOJ
KANUO	ARBARO
MAPO	TENDO

11 - Zeit

```
J  K  G  F  N  L  M  J  U  P  B  R  L  J  B  T
A  I  A  T  U  Z  V  M  J  M  S  H  D  I  Y  N
R  N  R  L  Z  H  R  P  H  T  O  G  A  T  H  T
C  T  O  F  E  P  O  S  T  X  R  N  R  P  U  Q
E  Y  H  X  W  N  M  A  N  E  A  J  A  X  S  U
N  U  J  W  B  U  D  A  W  J  J  J  S  T  V  T
T  Z  Y  Q  A  N  G  A  T  L  O  A  E  A  O  Q
O  X  Ŭ  A  I  D  O  H  R  E  W  S  M  N  Ĝ  J
H  T  A  S  Y  J  V  X  A  O  N  T  A  T  O  A
C  F  R  U  E  W  Z  V  M  T  P  O  J  A  L  R
Y  D  E  V  A  N  N  O  J  U  L  T  N  Ŭ  R  D
W  H  I  O  U  O  K  E  F  N  A  Z  O  S  O  E
F  M  H  E  H  K  M  N  L  I  V  Q  J  W  H  K
E  H  C  K  D  T  T  A  G  M  E  Z  O  G  H  O
H  P  M  O  R  O  E  S  T  O  N  T  E  C  O  L
W  G  Y  R  W  Y  S  W  Q  R  X  V  G  J  S  G
```

FRUE	MONATO
HIERAŬ	MATENO
HODIAŬ	POST
JARO	NOKTO
JARCENTO	HORA
JARDEKO	TAGO
NUN	HORLOĜO
KALENDARO	ANTAŬ
MINUTO	SEMAJNO
TAGMEZO	ESTONTECO

12 - Säugetiere

```
R  R  Ŝ  H  S  A  G  J  T  V  E  X  K  F  D  M
R  C  A  U  N  G  M  O  I  M  I  S  M  X  D  T
Q  L  F  N  X  Q  S  A  G  C  O  R  U  T  Y  F
U  H  O  D  N  J  I  Y  R  O  D  P  B  Y  Q  A
Q  N  E  O  R  B  E  Z  O  P  L  U  V  O  E  E
Ĉ  N  Z  N  Ĝ  I  R  A  F  O  T  A  R  P  V  S
I  E  B  E  R  X  H  K  Q  N  R  W  P  U  L  O
P  M  V  L  M  Y  T  U  Q  O  I  N  F  L  U  F
K  A  Q  A  R  T  L  X  Q  E  D  Z  A  K  R  T
A  N  N  B  L  E  U  L  D  L  R  S  T  W  S  H
N  U  Q  T  O  O  F  K  O  J  O  T  O  F  O  T
G  C  Z  C  E  T  Q  C  I  V  G  O  R  I  L  O
U  C  U  E  Q  R  E  L  E  F  A  N  T  O  T  P
R  S  W  F  F  T  O  R  O  T  S  A  K  C  R  M
U  K  R  M  C  L  B  F  R  H  T  N  X  I  Q  Z
O  Q  T  T  K  C  U  Q  O  S  A  N  T  R  M  S
```

SIMIO	LEONO
URSO	PANTERO
KASTORO	ĈEVALO
ELEFANTO	RATO
VULPO	ŜAFO
ĜIRAFO	VIRBOVO
GORILO	TIGRO
HUNDO	BALENO
KANGURUO	LUPO
KOJOTO	ZEBRO

13 - Algebra

```
S  B  C  V  Y  Q  U  E  F  N  S  U  M  O  E  N
F  U  K  J  M  A  P  S  T  S  T  N  X  M  K  K
E  K  B  F  R  A  K  C  I  O  O  R  X  X  S  Z
N  K  X  T  M  A  T  R  I  C  O  Z  F  L  P  H
I  C  V  O  R  D  I  A  G  R  A  M  O  B  O  T
F  N  R  A  M  A  E  H  U  M  R  O  O  O  N  P
N  Q  Y  V  C  R  H  Y  Z  T  H  S  W  N  E  S
E  N  F  M  S  I  Z  O  T  N  A  V  K  R  N  X
S  L  U  O  I  V  O  R  O  T  K  A  F  B  T  O
W  A  D  L  M  L  L  E  X  G  P  G  L  Z  O  V
P  F  V  B  P  O  O  M  E  L  B  O  R  P  L  S
Y  X  U  A  L  S  V  U  Y  R  E  W  U  D  U  O
I  S  G  I  I  U  L  N  W  L  L  F  Q  L  M  L
Q  F  J  R  G  L  C  V  M  V  Y  Z  B  V  R  V
D  F  Y  A  I  L  I  N  I  A  T  S  S  O  O  O
T  A  P  V  F  A  L  S  A  Q  R  I  A  E  F  A
```

FRAKCIO	MATRICO
DIAGRAMO	KVANTO
EKSPONENTO	NUL
FAKTORO	NUMERO
FALSA	PROBLEMO
FORMULO	SUBTRAHO
EKVACIO	SUMO
LINIA	SENFINE
SOLVI	VARIABLO
SOLVO	SIMPLIGI

14 - Philanthropie

```
O O J G R U P O J O D N U F K I
J Y O C E T S E N O H D H I O Z
B O N F A R A D O N M M I R N E
H S M T L X V K I W N G S T T D
M O H A U O E H S X B K T U A Z
U N M I R T D I I W B K O K K J
O B G A M G M M M F Q I R M T I
G K Z T R C O O Y X G H I T O R
H O M O J O U R N S Y F O L J K
K O M U N U M O P D I I K T P S
I Q X H U J N G A U A N I S X B
N W S B P U C X E K K A L C Q A
Y A B J O N A F N I Z N B D M Y
J B A S V U C E L O J C U Q S W
C X O T E L B K Z V X O P M X E
U L K B X O M A L A V A R E C O
```

DEVAS

HONESTECO

FINANCO

KOMUNUMO

HISTORIO

TUTMONDA

MALAVARECO

GRUPOJ

JUNULO

INFANOJ

KONTAKTOJ

HOMOJ

HOMARO

MISIO

FUNDOJ

BONFARADO

PUBLIKO

PROGRAMOJ

CELOJ

15 - Diplomatie

```
H U M A N I T A R O S Q Z G L A
K O N F L I K T O S E W N P I M
P O L I T I K O T U K S I D N B
Q K R I N Z Q V W V U T S J G A
X I M O N O A Z E F R M D U V S
T T O U D T G L X C E F C S O A
S E Y C C A E Q L G C R I T J D
R O E E C I S G L R O E V E K O
E T L W D T O A R P S M I C O A
G A A V J A I V B E O D T O M R
I T Z E O M E N X M C A A K U V
S K O S Y O B C S Y A O N T N T
T A V E T L Z I S P T K O R U P
A R U G T P S K P Z M B J M M N
R T N V K I N Z A L A Y Z W O W
O N W T R D K O N S I L A N T O
```

FREMDA
KONSILANTO
AMBASADO
AMBASADORO
CIVITANOJ
DIPLOMATIA
DISKUTO
ETIKO
KOMUNUMO
JUSTECO

HUMANITARO
INTEGRECO
KONFLIKTO
SOLVO
POLITIKO
REGISTARO
SEKURECO
LINGVOJ
TRAKTATO

16 - Astronomie

```
O R O E T E M O I F A A Z L S U
B L D R U G F I Y M I S T Y U N
S F E H O K A I D O Z T D K P I
E Z N T Z R O M S O K R R I E V
R A A G S G S M V R P O A G R E
V A L U B E N A E E X N K C N R
A U P Q M Y W P T T R O E O O S
T K W F V X U F H E O M T T V O
O A S T E R O I D O L O O Ŭ A O
R B H Q D C X U R G U I A A O I
I L U N O P O K S E L E T N W N
O I C A L E T S N O K Z Q O S X
R R G E E W Q D N T E L P R S M
X U U Z I G R A F F Q C J T F D
T L Z E Ĉ V F T N L J X A S A Y
B V X K G P C F Y Q O E X A W Y
```

ASTEROIDO	NEBULA
ASTRONAŬTO	OBSERVATORIO
ASTRONOMO	PLANEDO
TERO	RAKETO
ĈIELO	SATELITO
KOMETO	STELO
KONSTELACIO	SUPERNOVAO
KOSMO	TELESKOPO
METEORO	ZODIAKO
LUNO	UNIVERSO

17 - Ballett

```
O  K  I  T  K  A  R  P  Y  M  Q  V  V  Y  F  A
I  R  O  W  J  O  R  A  T  N  A  T  K  E  P  S
N  O  K  Y  Z  D  R  A  P  L  A  Ŭ  D  O  J  P
T  I  I  E  G  D  J  E  M  O  T  I  G  L  O  R
E  P  N  B  S  L  G  H  G  T  N  W  E  I  T  O
N  G  K  D  N  T  V  Y  Z  R  D  H  S  T  S  V
S  L  E  R  T  O  R  J  U  K  A  C  T  S  I  O
E  V  T  Y  W  K  D  O  L  Q  L  F  O  B  C  O
C  M  J  H  E  I  A  L  B  H  E  F  I  R  N  K
O  R  S  Q  H  Z  Y  O  A  P  P  M  D  O  A  O
M  J  I  U  K  U  Y  K  I  R  C  G  D  Q  D  S
T  V  N  K  J  M  I  S  C  F  T  I  I  V  W  I
I  O  Y  Q  Z  R  Y  U  A  T  R  A  K  D  E  U
R  Q  Y  U  U  I  I  M  R  E  S  P  R  I  M  A
J  V  H  P  B  X  I  L  G  M  G  N  M  M  O  U
V  K  O  M  P  O  N  I  S  T  O  C  E  M  C  M
```

GRACIA
APLAŬDOJ
ESPRIMA
KOREGRAFIO
LERTO
GESTO
INTENSECO
KOMPONISTO
ARTA
MUZIKO

MUSKOLOJ
ORKESTRO
PRAKTIKO
PROVO
SPEKTANTARO
RITMO
STILO
DANCISTOJ
TEKNIKO

18 - Geologie

```
B S O R K O N T I N E N T O S S
G E J S E R O I C L A K Y V T T
V O H L W B Y S S Z L J N A A A
W S L A I Y Ŝ H A Q S O R L L L
V U L K A N O T K L D L G F A A
T F E R O Z I O O A O A Z B K G
O N B J D F O M L N V R Y L T M
D C W Z I E N E A S O E T T I I
F U T B C N X R R X N N R B T T
M Z L C A F U T O K W I V N O O
U M X H Z D M R K V B M U B O J
G Y V J O I G E F A F O S I L O
M F I S N Q W T R R X V H H T L
Q I G J O H K Y C C E O V W D K
D P V Q V C O I K O Z A C C E I
A L T E B E N A Ĵ O M Q A L F C
```

TERTREMO   ALTEBENAĴO
EROZIO   KVARCO
FOSILO   SALO
GEJSERO   ACIDO
KAVERNO   STALAGMITOJ
KALCIO   STALAKTITO
KONTINENTO   ŜTONO
KORALO   VULKANO
LAVO   ZONO
MINERALOJ   CIKLOJ

19 - Wissenschaft

```
D M P N E Q X L C G H K P M D K
J T B Z C H A Z H R I L L I A E
M O Q S Q F W H R A P I A N K M
O M S I N A G R O V O M N E E I
L W S I A Q G T N I T A T R V K
E U S F P T H S Z T E T O A O O
K X J N A T U R O O Z O J L L N
U F O S I L O C Q Q O D V O U I
L B R M F I D S L B C O I J O D
O F E P O L A B O R A T O R I O
J I N L U T K B T V R E P T O F
U Z V I A V A D A T U M O S L A
F I R E K S P E R I M E N T O K
T K S C I E N C I S T O Z P U T
R O H O D S G M U E J J K U Z O
F V H J F K M I W C S M A L F X
```

ATOMO   MINERALOJ
KEMIKO   MOLEKULOJ
DATUMO   NATURO
EVOLUO   ORGANISMO
EKSPERIMENTO   EROJ
FOSILO   PLANTOJ
HIPOTEZO   FIZIKO
KLIMATO   GRAVITO
LABORATORIO   FAKTO
METODO   SCIENCISTO

20 - Bildende Kunst

```
G  Q  K  Z  G  P  E  N  T  R  O  T  E  R  K  D
E  Y  P  F  E  W  R  F  S  V  R  O  N  F  T  T
F  C  B  C  X  I  P  M  H  T  U  P  L  U  M  O
I  I  D  T  E  D  O  J  U  U  Z  N  X  Q  Z  A
Y  B  V  Z  W  Z  R  T  P  I  A  J  P  E  T  S
S  O  F  H  E  Z  T  T  S  J  L  M  T  F  D  K
D  N  G  X  W  C  R  E  T  I  G  B  O  E  X  U
A  R  G  I  L  O  E  R  G  N  T  R  B  A  R  L
N  Q  L  Z  K  N  T  F  O  T  O  R  R  Y  I  P
O  L  E  H  R  O  O  S  K  A  V  F  A  T  K  T
L  Y  O  P  E  J  Ĉ  E  F  V  E  R  K  O  Z  A
B  E  Z  M  A  A  P  C  E  R  A  M  I  K  O  Ĵ
A  I  S  E  V  R  E  S  T  A  B  L  O  C  D  O
Ŝ  T  N  J  O  K  F  I  L  M  O  M  K  I  X  N
K  A  R  K  I  T  E  K  T  U  R  O  K  M  M  Z
P  E  R  S  P  E  K  T  I  V  O  R  C  S  M  A
```

ARKITEKTURO	GLAZURO
KRAJONO	ĈEFVERKO
FILMO	PERSPEKTIVO
FOTO	PORTRETO
PENTRO	ŜABLONA
KARBO	SKULPTAĴO
CERAMIKO	ESTABLO
KREAVO	PLUMO
KRETO	ARGILO
ARTISTO	VAKSO

21 - Mythologie

```
Ĉ  D  B  O  V  M  M  S  H  E  R  O  O  O  K  L
J  I  F  M  J  I  O  E  Q  M  F  P  T  J  V  K
Y  I  E  P  T  L  R  N  U  O  R  I  F  S  E  N
F  J  T  L  I  I  T  M  Î  N  G  T  Y  P  E  J
O  H  A  F  O  T  A  O  A  S  O  E  C  Q  P  B
R  K  E  J  T  O  G  R  L  T  C  K  K  A  U  J
T  B  L  O  N  F  O  T  U  R  Y  R  Y  R  A  K
O  X  E  T  I  O  X  E  Z  O  B  A  Q  R  E  H
G  X  Q  V  R  R  F  C  O  Q  Y  I  Z  Y  F  O
J  Y  Y  Z  I  T  O  O  D  N  E  G  E  L  K  T
V  Y  A  D  B  S  R  M  U  L  G  A  P  H  U  U
V  Q  S  K  A  A  V  L  I  H  T  M  S  S  L  D
E  A  D  A  L  T  C  U  T  O  N  D  R  O  T  N
N  W  B  B  J  A  D  F  D  D  I  I  K  Y  U  O
Ĝ  W  W  B  P  K  A  M  K  V  U  N  P  O  R  K
O  H  L  Z  B  M  E  E  Z  Y  I  G  T  P  O  B
```

ARKETIPO	KULTURO
FULMO	LABIRINTO
TONDRO	LEGENDO
ĴALUZO	MAGIA
HEROO	MONSTRO
ĈIELO	VENĜO
KATASTROFO	FORTO
KREO	MORTA
BESTO	SENMORTECO
MILITO	KONDUTO

22 - Restaurant #2

```
S  S  P  E  C  O  J  S  G  C  O  Y  S  P  N  J
B  A  A  Y  Z  L  O  O  O  L  K  U  L  E  R  O
O  Q  L  X  N  A  G  W  V  L  A  W  M  M  F  M
N  G  Z  A  N  S  O  K  R  Ô  F  C  V  Q  R  O
A  I  H  T  T  A  K  V  O  R  I  M  I  B  U  G
J  D  I  D  J  O  P  U  S  E  Ŝ  N  M  O  K  E
P  U  L  H  W  K  R  U  F  N  O  H  D  Q  T  L
D  M  T  F  A  U  H  I  A  L  R  Q  B  S  O  T
M  J  W  R  A  K  Y  V  P  E  D  Q  E  D  C  R
N  L  J  E  U  Z  S  N  P  K  V  M  L  D  E  I
D  O  C  R  X  M  E  X  G  V  O  A  A  D  L  N
L  B  P  D  E  S  Ĝ  O  S  E  P  Z  K  E  U  K
T  O  T  O  T  Z  O  F  X  N  X  T  Z  J  F  A
I  N  J  E  A  I  S  X  F  T  U  L  Y  G  T  Ĵ
V  E  S  P  E  R  M  A  N  Ĝ  O  G  G  Z  C  O
M  P  X  E  T  A  G  M  A  N  Ĝ  O  S  Y  F  T
```

VESPERMANĜO	BONAJ
OVOJ	KUKO
GLACIO	KULERO
FIŜO	TAGMANĜO
FRUKTO	SALATO
FORKO	SALO
LEGOMOJ	SEĜO
TRINKAĴO	SUPO
SPECOJ	AKVO
KELNERO	

23 - Ökologie

```
V O L O N T U L O J T W Z M E A
R I M E D O J U D B U F H Z Z F
D C G N J A H N L R T L Y T Y B
I E Y A R O Ĉ R A M M O N Ŭ A F
V P J T M V V X X I O R R J M W
E S K U W I K E J O N A T P O X
R D M R T V Y G G C D R B C N U
S A O O K R N A I E A U V V T Z
E Ŭ K A K E F S J K T T Q J O Y
C R S N L P O P P E P A W O J C
O I K L I U L R A S Q N Ĵ T I E
I G I H M S J A T N D Z O A X A
Q E U T A X Y V N E M D M L R Z
S B T A T Z T F S T B A K W U O
J L D J O M U N U M O K R H S D
P A H A B I T A T O Q J W A H N
```

SPECIO
MONTOJ
SEKECO
FAŬNO
FLORA
VOLONTULOJ
KOMUNUMOJ
TUTMONDA
KLIMATO
HABITATO

MARA
DAŬRIGEBLA
NATURO
NATURA
PLANTOJ
RIMEDOJ
MARĈO
SUPERVIVO
VEGETAĴARO
DIVERSECO

24 - Schokolade

```
P G Y O A Y D G K A G J K A D A
U J X C P T S A U M S U H I K R
C A E N G S A O G I S R S E O A
E V O E B B K Z K Y S J Ŝ T J K
A N T I O X I D A N T O A P O I
Ĉ P I D T R O B B U A I T U V D
L Q L E P E E T Y X I R A L G O
O H A R E D K K H A B O T V G J
D O V G C Z D Z U U H L A O K J
H G K N E G L K O S K A V R A J
J P U I R B Q O M T X K G O K Q
B U O U T O J W O U A C B N A E
A M A R A N K A R A M E L O O M
S E Y Y C A P D A R N K H S P I
E Q H B Y J K O K O S O A N K Q
T M M N B C D O B W T Z U R K K
```

ANTIOXIDANTO	KARAMELO
AROMO	KOKOSO
AMARA	BONAJ
ARAKIDOJ	PULVORO
EKZOTA	KVALITO
ŜATATA	RECEPTO
GUSTO	DOLĈA
KAKAO	SUKERO
KALORIOJ	INGREDIENCO

25 - Boote

```
S  K  I  P  O  K  O  D  X  M  T  O  V  G  Y  Q
P  Y  E  P  R  E  R  Z  G  K  M  C  E  K  T  U
W  R  A  F  A  K  O  T  S  A  M  E  L  J  I  Q
Y  C  I  N  M  H  T  R  M  X  K  A  Ŝ  M  P  M
O  I  Q  M  K  M  O  Z  E  W  K  N  I  P  H  Q
L  G  J  V  O  R  M  W  E  V  K  O  P  U  Y  U
Z  Q  Q  S  U  R  O  V  M  T  I  J  O  A  I  I
P  N  D  Y  B  R  K  P  O  R  Y  R  S  O  Q  C
J  J  O  D  K  Y  A  C  Z  L  A  G  O  N  L  J
A  V  G  N  V  C  J  Q  P  J  Q  K  L  D  Z  H
K  A  N  U  O  T  A  O  B  V  A  S  F  O  R  T
I  E  Z  A  T  S  K  M  T  M  J  Z  S  J  M  E
T  E  H  D  Ĉ  V  O  E  J  P  U  L  K  B  E  L
Ŭ  S  Q  W  A  W  M  G  A  V  V  C  X  J  D  F
A  T  G  Y  J  P  S  K  Z  Ŝ  N  U  R  O  Z  I
N  Z  B  F  N  Y  G  F  B  C  J  H  U  M  F  X
```

ANKRO	MARO
BUO	MOTORO
SKIPO	NAŬTIKA
DOKO	OCEANO
PRIMO	SAVBOATO
FLOSO	LAGO
RIVERO	VELŜIPO
KAJAKO	ŜNURO
KANUO	ONDOJ
MASTO	JAĈTO

26 - Stadt

```
B A K E J O O Z K F T L P V U F
N N B B E L H B I X I E W I O J
N U G Y U E I D N D Q O A H Z Q
J O C I Q T D C O K Y J D T G H
G R N B T O S K Y M U E O G R R
A A G Y S H E K A E N N J W Z O
L Z L G F L X Z F L O R I S T O
I A K E F L U G H A V E N O G K
B B L K R U V G P N I L N B U E
R R I N M O M U Z E O F U A J T
E E N O T A T I S R E V I N U O
J P I I O A C A R T L K A K X I
O U K D V N N D K Q U I M O K L
G S O A S E O N N R K P F Y L B
R E S T O R A C I O E S Z B T I
M R L S A P O T E K O M N I Z B
```

APOTEKO	KLINIKO
BANKO	MERKATO
BAKEJO	MUZEO
BIBLIOTEKO	RESTORACIO
FLORISTO	LERNEJO
LIBREJO	STADIO
FLUGHAVENO	SUPERBAZARO
GALERO	TEATRO
HOTELO	UNIVERSITATO
KINO	ZOO

27 - Aktivitäten

```
J  Y  C  K  L  R  S  I  F  M  X  L  T  S  X  I
F  L  U  L  A  L  O  S  O  Z  E  M  E  L  F  B
L  I  B  E  R  T  E  M  P  O  T  T  H  R  K  C
C  A  G  Q  O  Z  N  L  I  D  E  K  I  D  T  K
E  L  R  V  C  D  N  I  J  A  N  R  R  O  R  O
R  T  F  T  F  C  G  Z  L  N  D  M  D  T  J  D
A  I  Ĉ  P  Q  W  Q  O  R  E  U  L  U  R  O  A
M  G  M  A  S  P  D  C  Q  D  M  O  K  A  D  G
I  A  F  G  S  F  Z  J  A  R  A  U  I  R  U  E
K  N  A  C  N  A  O  C  N  A  D  R  I  T  L  L
O  T  B  P  Q  G  D  V  J  Ĝ  O  R  T  N  E  P
T  A  U  T  V  S  P  O  I  G  A  M  W  P  F  V
E  J  O  F  I  Ŝ  K  A  P  T  A  D  O  J  Y  G
M  A  L  S  T  R  E  Ĉ  I  Ĝ  O  Y  O  P  A  R
R  Y  S  W  A  K  T  I  V  E  C  O  Q  R  D  Q
F  O  T  O  R  U  Z  E  L  P  A  D  F  H  Z  M
```

AKTIVECO	CERAMIKO
FIŜKAPTADO	ARTO
TENDUMADO	METIOJ
MALSTREĈIĜO	LEGADO
LERTO	MAGIO
FOTO	KUDRI
LIBERTEMPO	LUDOJ
ĜARDENADO	DANCO
PENTRO	PLEZURO
ĈASADO	ALTIGANTA

28 - Bienen

```
V V V S W F E K O S I S T E M A
A E B U R L A V E W A N K Ĝ F O
K P K N O O N E L O P D O A M K
S U L O T R O L U J X B H R X V
O J Y A A O M D T U Y S L D E L
I G I C N J U G I L Y D F E J Q
W L X I I T F Y L E F S S N E J
J O M I L I O L A B N F R O O H
H A O G L N C J U A M I E L O A
X Y V U O S E F O G E K B V M B
A T D Z P E S X R E I N U Q R I
Z E A U G K R T O U H L E Q A T
Y I U K S T E R L S K O O Z V A
W W R D G O V W F A J T M J S T
W G O I O N I Ĝ E R C K O O K O
H C O V H N D V E I L Z W D X T
```

POLLINATOR
ABELUJO
FLOROJ
FLORO
FLUGILOJ
FRUKTO
ĜARDENO
MIELO
INSEKTO
REĜINO

HABITATO
EKOSISTEMA
PLANTOJ
POLENO
FUMO
SVARMO
SUNO
DIVERSECO
UTILA
VAKSO

29 - Wissenschaftliche Disziplinen

```
P S I K O L O G I O I W V W E G
N I U P Z A N A T O M I O I O I
K E M I O K I N E S I O L O G Y
O E K O L O G I O I G O L O I B
I N E U R O L O G I O G Y V P I
G A R K E O L O G I O I F X X M
O E S O C I O L O G I O P F Y U
L X O I G O L O I Z I F A K X N
O G G L A L I B I O K E M I O O
O H A B O A S T R O N O M I O L
Z O Q W B G J C C K I Y B C M O
D Y T G O K I N A K E M U C N G
P A D L C C B O K I N A T O B I
L I N G V I S T I K O Y Z R I O
T E R M O D I N A M I K O N G I
X L M I N E R A L O G I O V H N
```

ANATOMIO	LINGVISTIKO
ARKEOLOGIO	MEKANIKO
ASTRONOMIO	MINERALOGIO
BIOKEMIO	NEUROLOGIO
BIOLOGIO	EKOLOGIO
BOTANIKO	FIZIOLOGIO
KEMIO	PSIKOLOGIO
GEOLOGIO	SOCIOLOGIO
IMUNOLOGIO	TERMODINAMIKO
KINESIOLOGY	ZOOLOGIO

30 - Vögel

```
T  S  R  C  R  R  I  K  E  C  J  Z  D  K  P  K
R  Y  R  I  F  L  U  T  J  I  Q  P  D  O  I  O
F  L  A  M  I  N  G  O  G  K  U  Y  M  L  N  R
K  J  K  U  K  O  L  O  V  O  V  O  K  O  G  V
N  F  T  C  U  A  G  L  O  N  G  I  C  M  V  O
D  Y  G  D  W  U  J  Y  R  I  Z  I  S  B  E  V
F  O  N  P  B  P  I  V  E  O  S  O  R  O  N  E
A  R  D  E  O  T  T  I  S  P  T  F  G  T  O  M
A  G  E  C  C  C  R  T  A  C  X  O  M  S  S  Q
P  E  L  I  K  A  N  O  P  A  N  A  S  O  T  Z
G  T  T  P  F  X  P  A  P  A  G  O  O  W  E  D
U  W  N  O  A  A  N  S  E  R  O  Z  K  O  D  S
J  E  P  R  O  V  A  X  R  J  S  X  B  A  O  Q
N  R  R  Q  A  H  O  S  B  A  Y  X  O  I  H  M
H  A  K  A  R  K  O  K  I  D  O  Y  E  V  Z  K
S  D  B  C  N  P  U  L  N  W  O  F  O  D  X  Z
```

AGLO	PAPAGO
OVO	PELIKANO
ANASO	PAVO
STRIGO	PINGVENO
FLAMINGO	KOVO
ANSERO	ARDEO
KOKIDO	CIGNO
KORVO	PASERO
KUKOLO	CIKONIO
MEVO	KOLOMBO

31 - Biologie

```
N D O Y U A E G H Z S N K T D A
F E J V K C H E X Q Y Z Q C J E
O R U A Q H M T B G N U C N T V
T E M R I K Z J C W A R U T A N
O P A J O T N A L P P C T P O E
S T M I I N L W Q U S K U R C V
I I U Y R V O J Q G E X Q X O O
N L L W B D I N O S M O Z O L L
T I O G M P M C O M I Z N E L U
E O H Q E T O S V M Ĉ V T M A O
Z J O N I E T O R P R E A A G M
O L B H V J A I E D P O L A E Z
M Y G I U Y N F N D Q X H O N M
Q K O L X C A S I M B I O Z O E
M U T A T I O M O S O M O R K Q
W W Y V K D Y A Z D H A K P R U
```

ANATOMIO
KROMOSOMO
EMBRIO
ENZIMO
EVOLUO
HORMONO
COLLAGEN
MUTATIO
NATURA
NERVO

NEURONO
OSMOZO
PLANTOJ
FOTOSINTEZO
PROTEINO
REPTILIO
MAMULO
SIMBIOZO
SYNAPSE
ĈELO

32 - Elektrizität

```
G  M  U  Y  B  P  D  R  A  T  O  J  G  X  Z  H
E  A  O  I  A  B  O  P  M  A  L  S  T  D  G  N
N  G  X  F  T  O  T  Z  J  V  U  N  F  X  M  T
E  N  K  J  E  T  E  Z  I  Y  O  D  E  X  V  I
R  E  H  B  R  S  R  U  D  T  V  K  T  Y  J  D
A  T  E  K  I  I  M  B  P  P  I  Z  D  H  D  E
T  O  K  H  O  R  E  S  A  L  T  V  I  N  G  O
O  R  I  M  D  T  J  R  P  Z  A  C  A  K  D  C
R  B  P  J  A  K  T  H  Y  E  G  X  P  R  V  E
O  M  A  T  K  E  K  E  E  L  E  K  T  R  O  L
K  J  Ĵ  Z  O  L  A  V  L  Z  N  Q  D  R  W  O
Q  V  O  F  T  E  B  J  X  E  L  N  G  U  E  J
Y  Z  A  O  S  X  L  H  I  P  V  J  P  H  D  S
E  Y  G  N  W  I  O  N  S  C  B  I  J  C  O  O
K  H  C  G  T  E  P  F  M  U  F  D  D  V  C  G
L  P  C  D  J  O  N  O  F  E  L  E  T  O  I  E
```

EKIPAĴO	LASERO
BATERIO	MAGNETO
DRATOJ	KVANTO
ELEKTRISTO	NEGATIVO
ELEKTRO	RETO
TELEVIDO	CELOJ
GENERATORO	POZITIVA
KABLO	INGO
STOKADO	TELEFONO
LAMPO	

33 - Garten

```
F O V X X W F D H H B A R I L O
E E R E T E I L L E S Q R C K O
K C N S R H O D O R G B M I N U
C H I J V A L P M B L L C Y Z I
H O S O S F N B J O B R E H V Z
T L D R C C Ĝ D E P J E S T R W
R I F O B R A S O N G A Z O N O
A L G L T Z R E L U K X X Q T U
M E S F L L D S U R W O J C F I
P V P L B O E K R I L O N Y Z T
O O V G L Ĝ N X T Y W T I T F S
L Ŝ X G V A O S W F L S W H B Z
I P C U M R G I K N S U T Z F W
N V Q O S A R E T C K B B B B N
O H W J G G M I T S A R U Y H J
R G R V A R W C U O K A M A H B
```

BENKO
ARBO
FLORO
TRULO
ARBUSTO
GARAĜO
ĜARDENO
HERBO
HAMAKO
GAZONO

RASTI
ŜOVELILO
HOSO
LAGETO
TERASO
TRAMPOLINO
HERBOJ
VERANDO
BARILO

34 - Antarktis

```
I O T M T B I R D O J P N G M E
G V W O H O Z I W O K F S L I X
W P P S B G P G N T S A F A N P
Y L V X W C C O X S R K O Ĉ E E
S C I E N C A E G I O V T E R D
K J S K H B I Z X R D O N R A I
A O J Z L M E D I O A T E O L C
P T V R O C K Y M L R F N J O I
O N B O I C A L G P E I G J O
W E U L M I X B B S I F T O Z U
Y V F Y K P N Q X E M Z N E H F
K O N S E R V A D O W Z O L V H
T E M P E R A T U R O W K W Z A
S P P E N I N S U L O E F O R H
Z P G E O G R A F I O V K Q P A
R I W Y F J O R U W X U M H H O
```

KOVO
GLACIO
KONSERVADO
EXPEDICIO
ROCKY
ESPLORISTO
GEOGRAFIO
GLAĈEROJ
PENINSULO
KONTINENTO

MIGRADO
MINERALOJ
TEMPERATURO
TOPOGRAFIO
MEDIO
BIRDOJ
AKVO
VETERO
VENTOJ
SCIENCA

35 - Fahren

```
S  B  T  V  G  Y  M  R  A  Z  Q  X  G  M  T  V
D  E  T  I  A  O  E  C  G  U  P  J  M  O  R  J
V  P  K  E  Z  L  W  E  C  T  S  B  B  T  A  B
Y  F  Y  U  O  R  O  T  O  M  X  G  J  O  F  X
K  L  A  J  R  P  R  L  S  Q  S  D  R  R  I  W
A  E  O  T  N  E  D  I  C  K  A  L  L  C  K  B
M  Ă  T  O  X  C  O  D  X  B  P  F  I  O  R
I  P  G  D  U  D  J  O  S  M  E  R  B  K  L  N
O  O  D  A  T  R  O  P  S  N  A  R  T  L  B  Z
N  D  S  T  R  M  A  P  O  D  G  H  J  O  U  G
O  I  Q  S  Q  A  E  C  F  B  A  E  H  F  S  T
C  P  O  H  K  F  Ĝ  O  G  T  A  N  M  K  O  A
I  A  F  U  E  L  O  O  I  C  D  N  Ĝ  U  F  B
L  R  X  F  P  E  R  M  E  S  I  L  O  E  H  T
O  T  T  U  N  E  L  O  A  T  E  N  T  U  R  Y
P  F  D  G  J  K  Z  C  Z  Z  N  K  Z  C  E  O
```

AŬTO	KAMIONO
BREMSOJ	MOTORO
FUELO	MOTORCIKLO
BUSO	POLICO
GARAĜO	SEKURECO
GAZO	TRANSPORTADO
DANĜERO	TUNELO
RAPIDO	AKCIDENTO
MAPO	TRAFIKO
PERMESILO	ATENTU

36 - Physik

```
R E L A T I V E C O R O T O M O
U N I V E R S A L A Z O J O K X
K D F C M H H G H C L A W O S V
A R R Z P G Z L S Y F A G L E W
O A A Z I L D O C N E V K E R F
S P T O N O R T K E L E C C K B
O I O E P U E N K W A E L K U N
O D M T F Q I E Y E O O S A M M
P E O T K Z V M G L M S S L O D
A C M E K A N I K O W I Z N L F
R O A R K S K R M A F E K R E P
T K O M S I T E N G A M P O K D
I G D G T S B P G S B H S N U M
K G L N T X L S P L Y Z K X L W
L S Y S C L R K S F A C A F O L
O E I H O L N E F O R M U L O D
```

ATOMO
AKCELO
KAOSO
KEMIKO
DENSO
ELEKTRONO
EKSPERIMENTO
FORMULO
FREKVENCO
GAZO

RAPIDECO
MAGNETISMO
MASO
MEKANIKO
MOLEKULO
MOTORO
NUKLEA
PARTIKLO
RELATIVECO
UNIVERSALA

37 - Bücher

```
R C D N Y H P Q T D R U L W D R
H X T U B U T O S J U V I H E A
A A Z O G M W C L E W J T Y J K
S E R I O U A Ŭ T O R O E L G O
P X F Z Y R U B M N Y K R L L N
A O A E L A B P I E J W A H E T
Ĝ T J O S E F W N R G F T H R O
O S I P O A G V X N K V U I A Y
T K M M V V L A A S R S R S K T
A E P O P E O Q N U V G A T O R
A T N E V N I V G T U G A O N A
D N G G Q T Y T W E O E H R T G
N U A B E U K O L E K T O I A I
O K E M T R L V Z D N Z J A N K
A M P C F O N A M O R V Q D T A
R X J X O M E O P G J W E N O J
```

AVENTURO

AŬTORO

DUECO

EPOPEA

INVENTA

RAKONTANTO

POEMO

RAKONTO

SKRIBA

HISTORIA

HUMURA

KOLEKTO

KUNTEKSTO

LEGANTO

LITERATURA

POEZIO

ROMANO

PAĜO

SERIO

TRAGIKA

38 - Menschlicher Körper

```
M N W K C K S Y G K Z M V Y K U
A H E B Y A Q A K P A R R V F Q
K R S K I A E N S T Y Y N I O J
Z P G G P Z H H C D Z G N X M E
E P E B T T N S T Z K E V J R G
L Q T G X B T L M Z H N F Z V L
O R S D G N K X A J J U S V E K
H A T O L E R O O N Q O L O K Z
R Y P M C N U M Ĝ I G O C T R K
I N B Z U E R N A W G O C U O A
K U B U T O O U Z L M A N O N P
C E R B O Ŝ R D I H E K O R O O
L W V O W U R T V Z Z O N W T Z
S A N G O B X E L I J H L J N A
E M C E E F Z S N U W X I O E N
F I N G R O O J T R Ŝ C P P M U
```

KRURO	MENTONO
SANGO	GENUO
KUBUTO	MALEOLO
FINGRO	KAPO
CERBO	BUŜO
VIZAĜO	NAZO
KOLO	ORELO
MANO	ŜULTRO
KORO	LANGO
MAKZELO	

39 - Klettern

```
M O X S B T V M X R Z Q L K E Y
E Y Y K T A F M A P O R T L Q H
K H P P M A V Q H P C Q L T T Q
A E H W G O B E R A E A N I S E
H F Q E C B O I T L T C X N H L
J O L I D I V G L E L L Y F Z Z
O R E F S O M T A E A K A N L I
T T K W S O D N U V C P P H F O
N O N A R B D O M E L O V I C S
A N Q P S Z U A Ĝ R A L L A M N
G E H Y U K Q T N W P H G Q X T
R R J N L E O R J J N K O K G J
Z E G P A D X E C K E I I M Q V
P T D S F I K P L O N R E V A K
F I Z I K A B S S T B O T O J B
A L T I G A N T A Q H F R C S I
```

ATMOSFERO	MAPO
TREJNADO	SCIVOLEMO
SPERTA	FIZIKA
GVIDILOJ	MALLARĜA
TERENO	STABILECO
GANTOJ	FORTO
KASKO	BOTOJ
ALTECO	VUNDO
KAVERNO	ALTIGANTA

40 - Agronomie

```
O  V  K  A  R  A  P  M  A  K  P  W  L  G  C  K
I  R  K  L  D  V  G  J  R  Y  O  R  E  S  Q  E
G  W  G  L  B  A  B  R  M  F  L  P  G  S  M  R
R  N  I  A  F  J  V  Z  I  Y  U  R  O  T  A  O
E  L  L  Z  N  F  X  S  P  K  O  B  M  E  L  Z
N  S  J  O  V  I  T  A  R  S  U  Q  O  R  B  I
E  P  F  M  D  U  K  F  O  I  S  L  J  K  E  O
P  L  A  N  T  O  J  A  D  S  X  X  T  O  G  T
E  K  O  L  O  G  I  O  U  T  D  C  Y  U  I  W
M  A  L  S  A  N  O  J  K  E  R  T  V  D  R  P
Q  O  U  H  Y  M  K  W  T  M  A  O  E  V  Ŭ  O
U  J  R  S  M  D  F  Q  A  O  K  H  D  N  A  I
Z  B  T  Z  T  S  E  L  D  J  Z  Z  C  M  D  D
T  Z  R  A  S  U  B  G  O  K  S  E  R  K  A  E
O  R  F  U  L  G  D  S  C  I  E  N  C  O  S  M
X  Z  F  U  R  A  D  O  Q  C  E  J  A  V  E  M
```

TRULO	EKOLOGIO
STERKO	PLANTOJ
ENERGIO	PRODUKTADO
EROZIO	STUDO
LEGOMOJ	SISTEMOJ
MALSANOJ	MEDIO
AGRIKULTURO	POLUO
KAMPARA	KRESKO
DAŬRIGEBLA	AKVO
ORGANIKA	SCIENCO

41 - Landschaften

```
K E Z I L O R D E Z E R T O X O
H A S T G Z I G Z W R M U Q L Y
N K V D J O V U F I N A C Q P G
Z M A E H P E G H S E R K D C Z
T R N J R A R L V F A Ĉ I I M P
P U N Y O N O G A L I O J M T K
E T N X D W O R A M L A G U N O
N G P D H O G R G E J S E R O N
I Z L E R T R A E Q C J Y E L A
N G A L N O E P H C A G G O U K
S O Ĝ F E O B Z J F A S P C S L
U L O E S P E Q F N H L X V N U
L F B Z A I C R D H Q T G A I V
O O R E H O A K U E K U M L F J
A K V O F A L O Z A O C L O U U
S K Z N C T G M O N T O Q Z W O
```

MONTO	MARO
GLACEBERGO	OAZO
RIVERO	LAGO
GEJSERO	PLAĜO
GLACERO	MARĈO
GOLFO	VALO
PENINSULO	TUNDRO
KAVERNO	VULKANO
INSULO	AKVOFALO
LAGUNO	DEZERTO

42 - Abenteuer

```
O  G  E  Z  Y  V  E  C  R  B  U  R  Ĝ  V  E  S
O  R  U  T  A  N  F  B  R  E  V  G  O  G  K  E
D  I  F  I  C  U  L  T  O  L  G  I  J  E  S  K
A  A  D  A  N  Ĝ  E  R  A  E  O  F  O  V  K  U
G  N  K  G  E  G  N  J  F  C  C  A  C  O  U  R
I  X  E  T  Q  M  O  Y  Z  O  C  R  N  J  R  E
V  D  S  K  I  M  P  I  M  M  A  B  A  A  S  C
A  G  A  F  U  V  I  V  U  S  P  A  Ŝ  Ĝ  O  O
N  Q  T  F  F  T  E  C  H  A  S  G  C  O  R  V
U  L  E  I  M  F  I  C  U  I  M  E  N  J  E  A
U  B  S  M  A  E  E  M  O  Z  N  W  G  R  N  R
A  I  H  R  M  D  U  N  A  U  H  O  C  G  I  B
C  J  O  N  I  T  S  E  D  T  A  B  V  D  T  S
H  H  L  E  K  M  V  G  Q  N  T  E  C  A  I  O
G  N  D  O  O  O  R  A  P  E  R  P  I  E  L  I
P  I  H  S  J  I  B  I  B  W  Z  U  A  N  S  D
```

AKTIVECO	VOJAĜOJ
EKSKURSO	ITINERO
ENTUZIASMO	BELECO
ŜANCO	DIFICULTO
ĜOJO	SEKURECO
AMIKOJ	BRAVO
DANĜERA	NEKUTIMA
NATURO	PREPARO
NAVIGADO	DESTINO
NOVA	

43 - Flugzeuge

```
Y S A V E N T U R O A L T O V D
H K K K A F H N A I D Z A V G H
E O U I C F I B O R Ĉ D V E O U
L N F G P W D O T O L I P V R Z
I S G I X O R R T T R U E G O O
C T H V Q T O E Y S A P O L T R
O R F A V R G Ĝ D I M F Y Q O E
J U U N E C E A Z H N J O N M F
Y O E O T O N S A G I L E V Ŝ S
E W L N E E O A V O N S E F W O
I N O G R B S P J C Q R H Q B M
H G W Y O A Q N N H I J D J B T
V F Z U Q L I G E A W X W T P A
Q K D M M O C E L U B R U T N R
T G C O O N A D U U M B H W F W
M F R S O O J D E V E N O H S T
```

AVENTURO	KONSTRUO
DEVENO	AERO
ATMOSFERO	MOTORO
ŜVELIGAS	NAVIGI
BALONO	PASAĜERO
FUELO	PILOTO
SKIPO	HELICOJ
HISTORIO	TURBULECO
ĈIELO	HIDROGENO
ALTO	VETERO

44 - Haartypen

```
B L O N D A K I D B R A I D E D
S Q A F N R J O Ĵ A T K E L P E
O R Y V C G V N F F L N T D O S
W D M R J I J O S F R A J Q M Z
L F R C G N L X C M A L I X P K
I C U L I D I N J F A B H Y F W
M G C S J Y Q I H S L X S W M D
L G Y C P O K Y H T L A O A W E
J O L K U B H B O N Q G D X I T
I T N I I F W R R M U N T V D Y
G N Q G G D Z M L K X O L Q B V
L E X J A R O L O K A L O M U Y
S Ĝ F U N Z S E K A W L K J K F
A R H T U M I I J Q N A V L L E
N A L I R B Y R Y B X M W A A K
A N G P B P U J G M A L D I K A
```

BLONDA	MALLONGA
BRUNA	LONGA
DIKA	BUKLOJ
MALDIKA	BUKLA
KOLORAJ	NIGRA
BRAIDED	ARĜENTO
SANA	SEKA
BRILA	MOLA
GRIZA	BLANKA
KALVA	PLEKTAĴOJ

45 - Essen #1

```
V K V U V A Z Y Q Q W A E K T R
F I A F R A G O A H Z W A A I A
Y Q A R U Y F H F P I R O F N P
S G Q N O S A L A T O I L O U O
A D A L D T T L S U V I A P S E
C C E P O O O A U Z C U S T O U
I S U K O R S K A R A K I D O A
T C D R C E S T N T L Y S W B J
R I P F A K L O O T W X Q U P L
O N Q P N U B A Z I L O M O P O
N A M P I S Z U S P L L V B I O
O M A N P R U S C D S V W Z P J
N O T M S W O H T H C K K T J S
W N N T M H R O Z M M C N L X O
D G A C T P I S D D L O B C M N
V F M D X H N B K A N A R A R R
```

BAZILO

PIRO

FRAGO

ARAKIDO

VIANDO

KAFO

KAROTO

AJLO

LAKTO

RAPO

SUKO

SALATO

SALO

SPINACO

SUPO

TINUSO

CINAMO

CITRONO

SUKERO

CEPO

46 - Ethik

```
A D I G N O P V O Ĝ A S M U R V
L L I S X N F F M F I M O Y E R
B O T A P M O K S A J R S V S E
E K X R M G B R I P Q H A U P D
T Q H J U O K Y M G I G R P E B
P T O M S I U D I V I D N I K M
E O Z Q V F S X T M J M Q D T F
C B M Q U O B M P P S J S K A H
K O T Q W Z P H O R A M O H P O
A D I P L O M A T I A J S J R N
T N C R S L T O L E R E M O L E
Z Q P A C I E N C O F X W R Q S
M Q N M G F R E A L I S M O B T
W Y X E U D Q S A C C L W L Y E
I N T E G R E C O C E I C A R C
K U N L A B O R O C X M U V E O
```

ALTRUISMO
DIPLOMATIA
HONESTECO
PACIENCO
INDIVIDUISMO
INTEGRECO
HOMARO
KOMPATO
OPTIMISMO
FILOZOFIO

RACIECO
REALISMO
RESPEKTA
TOLEREMO
AKCEPTEBLA
SAĜO
VALOROJ
DIGNO
KUNLABORO

47 - Gebäude

```
J  P  J  N  R  N  P  L  U  O  M  J  O  F  T  P
O  E  S  P  E  W  V  A  N  Z  L  T  B  A  P  S
Y  N  T  L  I  M  J  B  I  L  U  E  S  Z  N  C
W  N  A  X  Y  D  R  O  V  E  U  X  E  X  Z  F
O  D  D  B  U  R  S  R  E  R  W  T  R  V  X  R
J  W  I  C  A  R  U  A  R  N  G  Q  V  H  U  H
E  O  O  N  I  K  P  T  S  E  A  E  A  I  B  K
T  J  M  N  Z  U  E  O  I  J  R  Z  T  H  N  O
S  E  R  C  N  Z  R  R  T  O  A  K  O  O  Z  O
A  N  A  C  E  I  B  I  A  V  Ĝ  H  R  T  I  M
G  E  F  T  F  N  A  O  T  C  O  L  I  E  R  U
U  R  E  D  R  O  Z  N  O  R  U  T  O  L  D  Z
Q  G  M  D  A  O  A  T  E  N  D  O  J  O  J  E
O  C  T  Z  R  B  R  A  M  B  A  S  A  D  O  O
F  K  E  G  Z  I  O  H  O  S  P  I  T  A  L  O
K  V  S  A  O  V  S  H  P  P  G  D  X  Q  R  U
```

FARMO
AMBASADO
UZINO
GARAĜO
GASTEJO
HOTELO
KABANO
KINO
HOSPITALO
LABORATORIO

MUZEO
OBSERVATORIO
GRENEJO
LERNEJO
STADIO
SUPERBAZARO
TEATRO
TURO
UNIVERSITATO
TENDO

48 - Mode

```
B U O J H K T E N D E N C O P O
S O F I T O T N U P C J Z Y T F
P K U C A S W O B V E R Y K W V
Z I E T S T W L U D B U Z T T V
B W G M I A F M T B I E R A M T
M J D X O Q W P O D A M O R B A
Q O N N L N U A N M P N Y M V U
V G D Z I J I E O H V D J O E E
L K I E T W B S J Z S P U D S L
C J Z H S T E K S T U R O E T E
Z I Z X U T Y C W I X S K R O G
Z C Y Q S V A L P M I S J N U A
P R A K T I K A W W X D P A L N
C S A Y L Y D K O M F O R T A T
M I N I M A L I S T A H A U D A
O R I G I N A L A Q Z M O G Y C
```

MODESTA
BOUTIQUE
SIMPLA
ELEGANTA
VESTO
KOMFORTA
MINIMALISTA
MODERNA
SKEMO
ORIGINALA

PRAKTIKA
PUNTO
BROMADO
STILO
TIFO
BUTONOJ
KOSTA
TEKSTURO
TENDENCO

49 - Angeln

```
O Ĝ A L P B L L X N X K P G Y F
G C Z B J O L I Ĝ A N O E Z V K
A E E Q K A J X Z Q B R Z A M Y
L T E A Z T B P L R R B O K G S
D X V G N O G I O R T O Ĵ V C Q
K H B K K O F Y C D L L A O M P
E U O Q T T C O N V R E P E B Z
T K I K W A N Y E N C Z I I R S
D H D R O R E V I R C K K X K Y
G X Q S I D F N C V D A E G D C
D J X G M S X V A Y Z M B V L C
B R I K O J T L P C V B E U O P
X D C O Z N B O N O Z E S T G J
B B Q C W A Z Q H G D J T W A C
V J L N M U P W Q T J X T E Ĵ T
D S Z G V K B Y O L R E Y F O K
```

EKIPAĴO	BRIKOJ
BOATO	KUIRISTO
DRATO	KORBO
NAĜILOJ	LOGAĴO
RIVERO	OCEANO
PACIENCO	LAGO
PEZO	PLAĜO
HOKO	TROIGO
SEZONO	AKVO
MAKZELO	

50 - Essen #2

```
L Z T R I Z O K N I Ŝ V M F T Y
Z U U I U A K J C O T F I Q R I
J O A H H K O N A N A B G D I I
C B G S T L Ŝ K F O V O D G T K
B V R P P W I D Y N E Z A Y I Y
Y Z K G S A T H Z A S N L C K F
Z W K H U G R A B P O A O C O R
N M X V F W A A K D V L T E V D
B R O K O L O L G W I E R L M D
F T O M A T O V K O W M U E O X
F R D O T O H I G E O N G R V Y
U I O F R W Y I Z B U F O I T E
V Q Ŝ M Ĉ E R I Z O Y D J O K R
Q Z Q O A Ĉ O K O L A D O L Q I
B Y B H D Ĝ V X H V S J F Q U O
F U N G O M O P W I J R Z E X T
```

POMO
ARTIŜOKO
MELANZO
BANANO
BROKOLO
PANO
OVO
FIŜO
JOGURTO
FROMAĜO

ĈERIZO
MIGDALO
FUNGO
RIZO
ŜINKO
ĈOKOLADO
CELERIO
ASPARAGO
TOMATO
TRITIKO

51 - Energie

```
B E N Z I N O N U S Z B N G T V
I O N O R T K E L E L A U K D L
L N Q V H W U P F K V T K K N X
P E D Z E L E K T R O E L F E H
P G T U V A R M O D N R E V M W
Z O P R S R H P T C O I A N J R
W R I O C T J J N U B O A F D E
G D V I L S R T E R R V X J W N
H I R O O U R I V J A C A M W O
B H W Z X J O U O S K D C A Z V
D E Z E L O R O T O M Z A S G I
F A N E G A O N W K E O J K L G
U X B A O D F O L P D B D O E E
E S B Z P J V T O N I B R U T B
L A M F L M E O I P O R T N E L
O A N M L Z X F J N R B X P C A
```

BATERIO

BENZINO

FUELO

DEZELO

ELEKTRO

ELEKTRONO

ENTROPIO

RENOVIGEBLA

VARMO

INDUSTRIO

KARBONO

MOTORO

NUKLEA

FOTONO

SUNO

TURBINO

MEDIO

POLUO

HIDROGENO

VENTO

52 - Familie

```
Z  J  W  G  U  O  G  V  I  P  D  A  Y  A  U  P
H  B  C  H  T  M  X  U  W  R  A  T  G  X  Y  A
P  G  T  M  X  G  C  Y  B  A  N  S  W  C  B  T
N  A  G  R  A  O  Z  B  J  P  N  F  T  X  T  R
E  A  W  U  F  Y  F  S  U  A  E  Z  R  P  M  I
V  C  P  E  D  Z  I  N  O  T  V  K  D  A  V  N
O  Z  D  E  W  Q  Y  T  V  R  I  V  E  R  T  A
P  Ĝ  I  U  C  F  T  U  A  O  N  T  I  T  K  O
E  O  A  P  C  N  X  B  X  N  O  R  T  A  P  N
N  N  H  N  Z  A  J  M  O  V  F  N  U  P  Y  I
Q  K  W  L  A  H  J  O  N  I  R  T  A  P  E  L
Z  L  W  A  Z  F  Z  Q  K  N  D  R  N  F  N  I
G  I  J  V  X  A  N  C  L  V  P  O  P  V  N  F
T  N  T  I  L  Z  Q  I  O  N  I  T  A  R  F  I
X  O  H  N  L  T  M  M  N  J  U  R  U  K  W  X
A  R  N  O  Z  U  K  G  E  Z  L  G  U  G  H  N
```

FRATO	NEVO
EDZINO	NEVINO
EDZO	ONKLO
NEPO	FRATINO
AVINO	ONKLINO
AVO	FILINO
INFANO	PATRO
INFANAĜO	PATRA
PATRINO	KUZO
PATRINA	PRAPATRO

53 - Pflanzen

```
P  I  S  W  Z  H  R  T  J  X  Y  T  C  J  F  X
B  E  H  E  S  E  R  Q  G  L  X  F  L  S  K  J
B  A  T  F  R  R  Z  F  A  N  O  E  C  C  W  N
O  M  M  A  K  B  C  U  C  H  L  V  G  D  A  O
T  L  H  B  L  O  B  R  A  V  B  C  I  O  K  M
A  F  W  U  U  O  R  A  Ĵ  A  T  E  G  E  V
N  I  J  C  V  O  O  N  E  D  R  A  Ĝ  F  C  G
I  O  T  S  U  B  R  A  P  W  B  Z  V  O  J  P
K  D  M  O  H  A  T  Y  X  E  A  R  R  L  W  V
O  V  F  W  T  F  W  X  Y  Y  R  I  X  I  O  S
K  P  M  Y  A  Z  J  O  I  L  O  F  O  O  K  J
R  A  O  F  D  Z  X  R  A  W  F  S  K  B  Y  L
P  K  K  M  U  S  K  O  R  O  L  F  R  A  S  S
R  A  Y  T  C  L  R  J  O  R  E  D  E  H  V  F
E  G  Q  H  O  M  U  Q  L  E  R  Y  T  L  V  V
R  A  D  I  K  O  C  R  F  B  Y  D  S  V  D  W
```

BAMBUO	HEDERO
ARBO	FLORA
BERO	ĜARDENO
FOLIO	HERBO
FLORO	KAKTO
PETALO	FOLIOJ
FABO	MUSKO
BOTANIKO	VEGETAĴARO
ARBUSTO	ARBARO
STERKO	RADIKO

54 - Kunst

```
Y W A R A O D U S G S Y S X H S
S I M B O L O A U L D I H N H T
P C H U M O R O B T J O M B B P
C O E I M F O I J S Q R M P E O
M M R R J V H Z E U L I T C L Ĵ
G I O T A V F E K S Z G F D O A
F R M C R M Z O T U O I S U A T
E P Q T P E I P O A Y N D R P P
T S E Q Y V T K Q H X A D I V L
M E P K J D X U O O V L A I J U
I N S P I R I T A T V A U A E K
P E R S O N A M M S U U I V K S
C O V O M S I L A E R R E P U S
E V M V N L O P E N T R A Ĵ O J
K O M P L E K S O O O Q F H I N
K O M P O N A D O H J X T Y P X
```

ESPRIMO

PERSONA

HONESTO

POEZIO

SIMPLA

PORTRETU

SUBJEKTO

SKULPTAĴO

PENTRAĴOJ

HUMORO

INSPIRITA

SUPERREALISMO

CERAMIKO

SIMBOLO

KOMPLEKSO

VIDA

ORIGINALA

KOMPONADO

55 - Gewürze

```
M  X  X  L  Z  J  N  K  E  K  A  J  G  Z  C  J
W  N  J  T  S  V  A  N  I  Z  O  J  K  L  A  S
C  S  E  E  F  O  R  P  M  I  M  C  L  J  R  D
E  F  K  R  X  S  A  I  X  S  A  Ĉ  L  O  D  P
G  U  S  T  O  A  M  P  R  G  N  G  K  C  A  V
E  J  J  G  L  L  A  R  F  T  I  O  I  I  M  A
M  D  D  Z  O  O  I  O  P  E  C  L  Y  R  O  N
T  F  N  B  K  R  S  A  F  R  A  N  O  O  M  I
U  B  B  W  N  D  O  V  U  N  U  C  A  K  C  L
N  H  R  R  E  N  V  A  F  G  S  S  X  I  S  O
D  H  I  V  F  A  A  U  M  F  O  F  L  W  H
A  C  I  D  A  I  S  B  U  Y  I  V  O  G  N  T
K  O  X  X  L  R  Z  I  N  G  I  B  R  O  T  K
K  U  M  I  N  O  C  X  L  X  A  U  T  I  Q  U
W  Q  Z  M  W  K  O  J  L  M  O  I  Z  P  J  P
U  C  Z  X  O  I  B  N  C  U  R  R  Y  D  N  U
```

ANIZO	GLIKORICO
AMARA	NUTMEG
CURRY	PIPRO
FENKOLO	SAFRANO
GUSTO	SALO
ZINGIBRO	ACIDA
CARDAMOM	DOLĈA
AJLO	VANILO
KORIANDRO	CINAMO
KUMINO	CEPO

56 - Kreativität

```
I U G O D C I S D I N K M S J U
M N K C S R J E R N N K U U N E
J F T E O E W N A S E T R N O F
W D U U M O K T M P K P U N I H
Z T O L I A Z O A I G L A N I B
E F C F R C Ŭ J N R Y D E V N I
O S E R P M I T J O I Z I V T M
D Z L K S E J O E D I I Q S E A
L Q G U E E H C R N G N E E N G
I R I C M A T E V D T S M N S P
B U V C F K I R F T A I K T E O
Q V I C A A D A O N V M K O C V
P C O O T R E L Q N H X J E O O
B J H V H M T K D L Q F W H C H
I H M G V T E A T N E V N I C O
S P O N T A N E A T B B A W I E
```

ESPRIMO

AŬTENTIKECO

BILDO

DRAMAN

IMPRESO

INVENTA

LERTO

FLUECO

SENTOJ

IDEOJ

INSPIRO

INTENSECO

INTUICIO

KLARECO

ARTA

IMAGPOVO

SENTO

SPONTANEA

VIZIOJ

VIGLECO

57 - Geschäft

```
O U K G Y B X W D S B P V D F I
E I B T E D N D U A Q O E S J O
D Z W D Q Q G S O I M O N O K E
W T T U X T Q H R U A M D E Q V
D K C N E O J E C I F O O V A W
A G G G Y T M V U T D N Q A G D
B F M I R S V L Q D O O D L J Y
P U Q T T O S D O R A V W U O J
B Q Ĝ O A K G K O Z E G J T S G
X U R E J B K A R I E R O O L L
F Z G E T B U T I K O P T M C H
B I P J B O T A B A R T S Y D M
K N I T P R O F I T O M O N W U
J O T N A G N U D Z M X P U E N
E S T R O I N V E S T O M L P R
K U H D M V S O C N A N I F S H
```

DUNGANTO
BUĜETO
OFICEJO
ESTRO
ENSPEZO
UZINO
FINANCO
MONO
BUTIKO
PROFITO

INVESTO
KARIERO
KOSTO
DUNGITO
RABATO
IMPOSTOJ
VENDO
VARO
VALUTO
EKONOMIO

58 - Ingenieurwesen

```
M  I  W  S  J  L  M  W  R  S  F  K  A  K  S  O
C  E  W  O  O  I  A  H  P  C  B  D  L  X  T  P
J  G  Z  L  I  K  Ŝ  F  C  P  A  B  R  P  F  C
L  U  G  U  G  V  I  H  V  X  C  I  G  O  V  Q
T  P  O  G  R  A  N  J  K  J  O  R  A  L  I  R
P  N  C  N  E  A  O  S  T  R  U  K  T  U  R  O
V  L  P  A  N  O  D  A  T  O  R  F  Q  K  R  C
D  M  Y  Y  E  L  N  O  B  E  T  W  D  L  J  E
D  Q  O  U  Y  E  U  M  T  U  S  F  I  A  J  L
U  I  B  U  U  Z  F  A  J  R  N  F  S  K  F  I
W  W  A  T  Q  E  O  R  O  T  O  M  T  O  Y  B
O  O  T  M  Q  D  R  G  L  H  K  F  R  G  D  A
H  U  D  E  E  W  P  A  I  Q  K  F  I  L  A  T
I  I  K  A  H  T  X  I  V  M  C  E  B  M  Y  S
U  R  H  W  M  N  R  D  E  G  C  Y  U  O  F  C
K  B  T  K  J  M  M  O  L  R  Q  N  O  W  W  H
```

AKSO	MAŜINO
KALKULO	MEZURADO
DIAGRAMO	MOTORO
DEZELO	FROTADO
DIAMETRO	STABILECO
ENERGIO	FORTO
LIKVA	STRUKTURO
ILAROJ	PROFUNDO
LEVILOJ	DISTRIBUO
KONSTRUO	ANGULO

59 - Kaffee

```
T V J V V R V G O T K A L D G B
V R O D V R A N R A U O E M Q N
H J I O Z E R P E S W X L U K J
D W R N R S I S K O V K A E R Q
U E T I K J O M U M N I N L T X
H I L E N A L X S O K I I L K
F I I F O R Ĵ A T R M G G P N F
M V F A A A B O C A M F R I X E
K I Y K H M K M X M A U A P R E
Z Q Y N D A N E U G G U S T O O
U J B P V Y V R G W X K X Y K N
A H F W G O E K I L M O A T Z E
M C S U Y K Y M I S N J S W U T
W P W J G I B V N L D G K V F A
B K M P K I E G V L Q H V F I M
E M Q D H E K J Z N Q A O Y N B
```

AROMO   LAKTO
AMARA   MATENO
KREMO   PREZO
FILTRI   NIGRA
LIKVA   TASO
GUSTO   ORIGINO
TRINKAĴO   VARIO
KAFEINO   AKVO
MUELI   SUKERO

60 - Gemüse

```
P E B K I N I K R F Q A S D P X
E W Q U U N X T M T F J W E R K
T O T B P O Z F V H F Y L B A A
R V X A O M O P R E T U L J A R
O V L V K I G I N W P H V X A O
S O X C O L I V O B R U K U K T
E I K H Ŝ T O B L A I H R G T O
L K C C I J A T O J C E P O N R
O S M T T R P M K L M L L E E B
E B S Z R B B O O O M U K U K I
S P I N A C O P R T Y D H E C G
A Z G R F K T G B S A L A T O N
T S X V F V U G G U V T F W T I
B X M E L A N Z O R A P O D N Z
W G L B F L O R B R A S I K O R
P I Z O I R E L E C F U N G O R
```

ARTISOKO	KUKURBO
MELANZO	OLIVO
FLORBRASIKO	PETROSELO
BROKOLO	FUNGO
PIZO	RAPO
KUKUMO	SALATO
ZINGIBRO	CELERIO
KAROTO	SPINACO
TERPOMO	TOMATO
AJLO	CEPO

61 - Schönheit

```
S  K  V  A  P  O  Ŝ  J  C  E  C  A  R  G  I  B
O  P  Z  T  Q  U  A  M  N  L  A  C  X  W  Z  S
V  V  E  J  E  G  M  Z  D  E  L  J  S  W  H  Y
S  B  S  G  A  G  P  I  P  G  C  J  Y  W  Q  W
T  E  A  T  U  B  U  D  G  A  T  A  L  G  D  V
O  K  R  P  I  L  O  C  I  N  É  G  O  T  O  F
N  O  K  V  Q  L  O  E  D  T  A  X  K  T  X  R
D  L  O  B  O  T  I  Z  T  E  I  V  J  S  O  D
I  O  S  T  M  J  C  S  G  C  O  Z  E  V  P  E
L  R  M  Y  R  O  U  S  T  O  M  U  F  R  A  P
O  O  E  C  A  T  D  T  J  O  L  K  U  B  Q  P
F  S  T  V  Ĉ  U  E  L  E  G  A  N  T  A  P  K
B  B  I  B  Z  D  V  Y  Z  H  C  H  A  T  O  L
D  A  K  K  N  O  N  W  F  H  G  R  X  W  K  K
X  U  O  Q  A  R  A  C  S  A  M  V  P  W  A  I
B  A  J  R  W  P  F  A  A  O  Z  D  G  Z  N  E
```

GRACE
ĈARMO
SERVOJ
PARFUMO
ELEGANTA
ELEGANTECO
KOLORO
FOTOGÉNICO
GLATA

KOSMETIKOJ
BUKLOJ
PRODUTOJ
TONDILO
ŜAMPUO
SPEGULO
STILISTO
MASCARA

62 - Tanzen

```
S A K V P H K A E J Ĝ N L U A G
S I I O P R O K M J V O V O R P
G P N M P U T A O V I D J B U V
M Q P T M M V D C Q J A V A T I
U C G I E B P E I O F V K M L D
Y P A R C N E M O A W O A I U A
J E N T A G O I U K V M X R K O
S M L E P C T O I L X R O P X Z
F U D K F J E J I Y J U A S P W
E Z P A R T N E R O X Y H E Z N
A I C I D A R T K L A S I K A T
X K N F Y X A R T O O J X P D F
L O K U L T U R O I S G W K I Y
K O R E G R A F I O F A Q B N L
L G X O B A G Q Z W C Z I S E Q
C O V H D M C F W X S Y Z K Y F
```

AKADEMIO
GRACE
ESPRIMA
MOVADO
KOREGRAFIO
EMOCIO
ĜOJA
SINTENO
KLASIKA
KORPO

KULTURO
KULTURA
ARTO
MUZIKO
PARTNERO
PROVO
RITMO
TRADICIA
VIDA

63 - Ernährung

```
B Y I H I U B F U D A J X T O C
N D I G E S T O C I B M D A N A
P L J E I J C T C E T H A L I E
P R O T E I N O J T V W T R M K
G U S T O T H M Q O N A S Y A V
K V A L I T O T R A P M V S T I
Q M L N S J O L A E R E C A I L
A P E T I T O Z E P R R X Ŭ V I
D P H B M X A I C G A O Y C O B
S J R P Y S R I R I C U O O N R
U A T F U L T K F O Z H N B P A
D S N C Z M U R E H L I I M G A
V G J A X B N L F N C A S M K E
F E R M E N T A D O B V K K C V
I C M A N Ĝ E B L A R I O G I B
N T O L Y U C Y S K D S T I V H
```

APETITO	PEZO
EKVILIBRA	KALORIOJ
AMARA	PARTO
DIETO	PROTEINOJ
MANĜEBLA	KVALITO
FERMENTADO	SAŬCO
GUSTO	TOKSINO
SANA	DIGESTO
SANO	VITAMINO
CEREALOJ	

64 - Länder #1

```
S L N V J E T N A M I O N L M Q
E O I N A M R E G R O A X D J C
N I K B I L V I C I F M G S G Y
E N A S M L A R L O I V T A L M
G A R B Z U I A A S N V W E L Q
A P A I D V S K B U N U V A X L
L S G C T C S O X R L W U Y A D
O I V M L A F I P T A M A L I O
T H O D N A L L O P N T S M R L
A C I I K J R I N O D A N A K I
R J N Q S V N K O M O A B Z R Z
A J A S C R N O R V E G I O J A
B B M B A E A C J S P F V O O R
M F U U E B E C F W W C P W B
Y M R Y Z L K O L E U Z E N E V
K A M B O J O U H O T P I G E E
```

EGIPTO
BRAZILO
GERMANIO
FINNLANDO
BARATO
IRAKO
ISRAELO
ITALIO
KAMBOJO
KANADO

LATVIO
MALIO
NIKARAGVO
NORVEGIO
POLLANDO
RUMANIO
SENEGALO
HISPANIO
VENEZUELO
VJETNAMIO

65 - Science Fiction

```
I  Y  S  I  F  U  T  U  R  I  S  T  A  K  O  D
A  F  N  M  H  W  R  P  I  R  G  Z  O  N  I  K
R  I  U  A  R  E  T  S  I  M  Y  Y  R  V  G  S
I  J  A  G  E  K  S  T  R  E  M  A  A  J  O  G
D  E  B  A  A  V  M  J  O  K  W  U  K  U  L  D
M  I  K  Z  T  M  E  W  D  R  X  H  O  V  O  G
I  L  M  S  S  C  E  N  O  H  J  K  L  M  N  A
R  U  O  R  P  C  Q  V  P  F  D  J  O  P  K  L
I  Z  N  Y  O  L  D  Q  T  Y  O  V  R  L  E  A
N  I  D  L  M  B  O  I  P  O  T  U  J  A  T  K
D  O  O  E  S  P  O  D  S  H  T  S  A  N  K  S
A  I  Z  S  I  J  V  T  O  T  I  J  F  E  G  I
X  V  Y  J  L  T  Q  C  O  N  O  X  N  D  H  O
K  X  Y  I  A  D  O  L  E  J  X  P  G  O  E  D
B  Z  A  N  E  M  C  G  U  U  H  H  I  K  Z  V
U  V  J  O  R  B  I  L  V  U  Y  S  R  O  C  L
```

LIBROJ	IMAGA
DISTOPIO	KINO
EKSPLODO	ORAKOLO
EKSTREMA	PLANEDO
MIRINDA	REALISMO
FAJRO	ROBOTOJ
FUTURISTA	SCENO
GALAKSIO	TEKNOLOGIO
MISTERA	UTOPIO
ILUZIO	MONDO

66 - Literatur

```
C T P S H Z H Y O F A G R A D C
P R I S K R I B O I I Ŭ K T F Z
X L W V A D T P G K Z H T Q W D
Z K S B C L M F O C Y C Z O V F
A N A L I Z O E L I T Z V T R L
F J Q R K N M Y A O N A M O R O
P D S E A T E O I I S I T D K T
C O O J D H T R D F T Z C K O N
W R I T M O R O F A T E M E M A
T R A G E D I O U R I O A N P T
M V A H O U L V M G R P M A A N
D N A U H L L O S O L I T S R O
N X V R M K A R W I Z O M Z O K
H T U B J N G N V B Y V E O S A
P O E M O O U U A Y X O B Y O R
T J V V D K Y T E G F W E E J X
```

ANALOGIO	METAFORO
ANALIZO	POEZIA
ANEKDOTO	RIMO
AŬTORO	RITMO
PRISKRIBO	ROMANO
BIOGRAFIO	KONKLUDO
DIALOGO	STILO
RAKONTANTO	TEMO
FIKCIO	TRAGEDIO
POEMO	KOMPARO

67 - Wandern

```
T  B  G  J  U  B  J  O  B  B  L  B  N  D  Z  T
Z  A  T  Z  S  J  O  D  E  B  Q  J  G  F  F  B
A  Ĝ  A  V  O  S  I  G  S  L  P  D  E  Q  L  V
C  K  D  K  F  H  U  R  T  Ŝ  M  A  P  O  O  W
A  P  V  V  D  T  W  E  O  T  V  E  T  E  R  O
L  A  Q  O  F  I  L  K  J  O  T  O  B  D  A  T
V  R  S  N  H  D  Y  F  J  N  X  K  Q  S  P  N
Q  K  J  U  P  U  N  T  O  O  K  S  B  M  E  O
Y  O  H  S  D  W  M  K  G  J  L  W  M  W  R  M
C  J  A  D  N  M  L  F  L  I  N  I  M  X  P  J
H  K  T  O  N  K  X  X  I  M  E  D  U  W  E
T  H  K  Y  N  A  T  U  R  O  M  J  Z  I  U  U
T  E  N  D  U  M  A  D  O  G  J  A  J  B  V  F
K  M  U  S  O  X  Y  K  Z  O  L  I  T  P  T  G
F  K  O  R  I  E  N  T  I  Ĝ  O  H  H  O  W  U
E  J  S  T  P  E  Z  A  U  W  T  I  U  U  F  Z
```

MONTO	PARKOJ
TENDUMADO	PEZA
GVIDILOJ	SUNO
PUNTO	ŜTONOJ
MAPO	BOTOJ
KLIMATO	BESTOJ
KLIFO	PREPARO
LACA	AKVO
NATURO	VETERO
ORIENTIĜO	SOVAĜA

68 - Globale Erwärmung

```
J  R  Q  P  G  I  O  M  X  R  C  E  O  W  C  P
F  A  A  L  E  N  I  U  A  M  T  E  N  S  X  E
C  R  V  J  N  T  V  S  I  H  X  O  S  F  G  N
U  N  W  N  E  E  K  R  I  Z  O  I  X  J  A  E
T  I  A  M  R  R  N  F  B  P  O  J  P  K  Z  R
N  U  N  E  A  N  K  O  T  O  I  O  K  U  O  G
E  Z  O  D  C  A  L  P  P  R  R  R  P  J  Ĝ  I
T  V  A  I  I  C  I  K  D  A  T  U  M  O  E  O
A  S  O  A  O  I  M  T  C  T  S  T  T  R  L  B
G  S  N  L  J  A  A  K  H  S  U  A  M  A  S  O
C  G  V  G  U  J  T  S  S  I  D  R  F  T  Y  I
A  R  K  T  O  O  O  U  K  G  N  E  B  N  R  J
H  A  B  I  T  A  T  O  J  E  I  P  U  A  W  S
E  S  T  O  N  T  E  C  O  R  N  M  O  Ĝ  K  V
S  C  I  E  N  C  I  S  T  O  U  E  X  O  Y  F
Y  A  O  J  C  H  D  B  V  T  I  T  Y  L  K  Y
```

ARKTO
ATENTU
LOĜANTAROJ
DATUMO
ENERGIO
EVOLUO
GAZO
GENERACIOJ
LEĜO
INDUSTRIO

INTERNACIA
NUN
KLIMATO
KRIZO
HABITATOJ
REGISTARO
TEMPERATUROJ
MEDIA
SCIENCISTO
ESTONTECO

69 - Länder #2

```
F M L O G K G I Z W C D Y P T A
U R K S I J T Y F W M K C A C L
G Z A B E Q L I E E C Q J K T B
A I C N Y Q L A O S O K R I Z A
N U S B C N V B O W D D P S K N
D O Q P K I U C I Y Y H N T I I
O K E N J O O I N A P A J A V O
I I G X T V N S I R I O A N D D
R S R X Q J A M A J K O I O P N
E K X E W C D H R J A L U S K A
G E E G B Z U H K L V A Q W U L
I M K S Q I S Q U K C P I G C R
N K Y C Q B L F R U A E E A N I
G R E K I O I T I A H N E Y E R
X L G N N A S T E T I O P I O C
Q G Y Q J L Z P P R I I K R T N
```

ALBANIO	LIBERIO
ETIOPIO	MEKSIKO
FRANCIO	NEPALO
GREKIO	NIGERIO
HAITIO	PAKISTANO
IRLANDO	RUSIO
JAMAJKO	SUDANO
JAPANIO	SIRIO
KENJO	UGANDO
LAOSO	UKRAINIO

70 - Fahrzeuge

```
Z V O N O I M A K M S O I O K R
A Z C K S O A S M E O I S K A T
K M N A U P D Ŭ J R O T C A R T
L V A K B I Q U T F P U O Z M N
U D L V Y Ŝ Q M L O N D N R X E
O W U U I R V X J O E L A G O P
R U B A G A H W K R Ŭ P V S E N
S B M R L M D I L T O M A O I S
Q P A G P B Z I T E J F R N C P
B O A T O U Q V L M M B A J X R
Z R O K N S S J Q O T E K A R I
H E L I K O P T E R O W H R Y M
V T F J F M B A C T J Q P T Y O
S O U Y F L O S O B I C I K L O
B K U Z P J Z F X W V F H Y Y V
B S I G J K O F T R W W N E Y V
```

AŬTO	MOTORO
BOATO	RAKETO
BUSO	PNEŬOJ
BICIKLO	SKOTERO
PRIMO	TAKSIO
FLOSO	TRACTOR
AVIADILO	METROO
HELIKOPTERO	SUBMARŜIPO
AMBULANCO	KARAVANO
KAMIONO	TRAJNO

71 - Natur

```
Y X T G F G L K O Z F N T K S X
A O Z L U P V L P V Y E I D Z N
P D C A Ĝ A V O S K T M W I D T
C Z T C L Z O C J K N A A N E M
Y T F E R I F U Ĝ O N L R A Z A
X Z J R T Q G O S V M H K M E X
O R O O C E L E B Y F A T I R R
R A T I B A B E L O J V O K T I
I P S Z T U L E V L I E R A O V
L O E O S R N W T U F B A C X E
M E B R S E O Z C B D L B A U R
C Q W E M W R P T E Y A R P E O
Y M O N T O J E I N A Z A P R H
M Z R W I H S V N K Z K F B H S
E V J E F V C A V A A V G I O Y
S O V F O L I O J J K K A M E X
```

ARKTO	FOLIOJ
MONTOJ	NEMALHAVEBLA
ABELOJ	NEBULO
DINAMIKA	BELECO
EROZIO	BESTOJ
RIVERO	TROPIKA
PACA	ARBARO
GLACERO	SOVAĜA
RIFUĜO	NUBOJ
SERENA	DEZERTO

72 - Urlaub #2

```
F F V Y T U D Z M U X H B V T T
R L K A Z P A A D V Z H H J R W
E U R P L G Z T S L I G C B A D
M G G Z I R T Z E D F A P H N L
D H D T B O D A M U D N E T S G
A A E W E Y Z N K D M A R O P F
K V S C R V I Z A S X M N I O E
H E T T T B T B A J I W D C R R
Z N I E E V O J A Ĝ O O K A T I
H O N N M C T P N E L Ĝ Y R A O
U O O D P F R R A O U A J O D N
N G T O O W O P I M S L I T O J
Z H Z E O V P R R C N P R S L A
A I L F L R S G M X I K U E L R
S Y Y H P O A Q D T G X I R W T
P E S I K P P F R E M D U L O F
```

FREMDULO	VOJAĜO
FREMDA	RESTORACIO
TENDUMADO	PLAĜO
FLUGHAVENO	TAKSIO
LIBERTEMPO	TRANSPORTADO
HOTELO	FERIO
INSULO	VIZA
MAPO	TENDO
MARO	DESTINO
PASPORTO	TRAJNO

73 - Barbecues

```
D  S  T  R  I  T  D  I  F  D  A  E  K  Y  M  Y
O  S  G  X  N  X  R  M  U  Z  I  K  O  Y  U  I
P  Q  Y  F  F  Z  J  A  S  A  L  O  R  P  I  P
V  R  I  Z  A  U  B  M  N  Q  Q  C  E  Q  Q  V
I  F  S  O  N  W  Z  R  T  Ĉ  P  E  M  N  S  E
C  L  C  F  O  K  A  A  E  T  I  T  O  F  S  S
H  E  M  D  J  Ĝ  A  V  V  F  K  L  S  C  A  P
J  G  G  A  Y  O  N  R  G  X  B  D  O  S  Ŭ  E
J  O  D  A  L  A  S  A  X  G  E  H  D  J  C  R
W  M  F  V  R  S  E  Y  M  C  N  S  I  O  O  M
Z  O  I  L  I  M  A  F  Y  G  I  U  K  K  V  A
B  J  J  J  B  X  J  T  P  Y  A  N  O  I  A  N
F  O  R  K  O  J  C  P  O  D  Z  T  K  M  S  Ĝ
N  D  U  Y  B  X  H  H  S  N  V  A  V  A  W  O
F  R  U  K  T  O  I  U  N  O  S  A  H  E  T  H
G  R  I  L  O  G  L  U  D  O  J  E  A  E  V  E
```

VESPERMANĜO	INFANOJ
FAMILIO	TRANĈILOJ
AMIKOJ	TAGMANĜO
FRUKTO	MUZIKO
FORKOJ	PIPRO
LEGOMOJ	SALADOJ
GRILO	SALO
VARMA	SOMERO
KOKIDO	SAŬCO
MALSATO	LUDOJ

74 - Küche

```
F R E C E P T O F Z G T C T F H
Z R E J N K Z Ĉ O H F R H P Z Z
A A O L I R G U D X W A O Z C T
H M L S W I O R B I E N P L A I
N A V P T A Z K T S Z Ĉ S L L D
D W O F H U G Z C P Q I T G X Y
H M B Q D C J J U O Ĉ L I A O G
F R I D U J O O K N E O C E F R
A N T A Ŭ T U K O G R J K M B M
K Q P B V V L R B O P R S B R U
M U T A S O J O N P I Q X U C W
V A L C O J F F P G L J S Ŝ B N
W O N E N V U K D Y O D C T U Y
G S V Ĝ R K A L D R O N O U S J
X X T M O O N Z Z C U E W K E H
N K A M F H J O C E P S G O R O
```

MANĜO

CHOPSTICKS

FORKOJ

FROSTUJO

SPECOJ

GRILO

ĈERPILO

KRUĈO

FRIDUJO

KULEROJ

TRANĈILOJ

FORNO

RECEPTO

ANTAŬTUKO

BOVLO

SPONGO

BUŜTUKO

TASOJ

KALDRONO

75 - Geographie

```
H E M I S F E R O L G H M N F D
O K C I D E N T O E A R G G Y A
T M A R O N O I G E R N T C Q F
E K E W P P T F A L H N D U E L
R M V R A Y N U S P J F Q O R A
I Y E O M B O Y K W D N L A L T
T V H R M I M F S M U G V L A I
O V I I I O T N E N I T N O K T
R A Q N B D N O E U F G A R K U
I V W S A R I D V G R T C O R D
O B R U T O G A O U P A L T B O
C H Q L L N V T N Y Z X X A T L
E X T O A V T I A O E M W V I B
T Q L F S B Y P E W I N Z K F A
L N A M O E C M C Z C E O E H J
A H U Y V D M W O R I V E R O L
```

ATLASO	KONTINENTO
EKVATORO	LANDO
MONTO	MARO
LATITUDO	MERIDIANO
RIVERO	NORDO
TERITORIO	OCEANO
HEMISFERO	REGIONO
ALTECO	URBO
INSULO	MONDO
MAPO	OKCIDENTO

76 - Zahlen

```
D  N  K  D  C  T  V  B  D  Q  A  F  F  W  Y  T
W  K  H  R  L  S  C  C  J  M  C  K  T  J  I  U
U  F  K  M  L  Q  P  Y  F  R  F  F  X  S  A  W
T  T  V  T  C  E  X  E  O  L  T  H  H  Z  X  I
G  K  I  X  H  L  V  Q  J  C  T  D  I  D  O  A
U  O  N  K  V  U  J  J  J  I  W  Q  O  E  Y  F
D  K  V  S  C  Z  F  V  B  T  K  E  D  K  S  D
Y  E  D  S  E  A  T  H  W  P  E  X  E  S  Q  X
K  D  C  E  P  P  E  S  K  E  D  E  K  E  C  R
S  N  N  I  K  O  B  E  G  N  U  L  K  S  F  Y
K  A  S  B  M  N  G  W  P  I  D  K  V  P  L  V
M  D  U  G  F  A  A  F  K  V  O  A  A  U  H  W
D  E  K  T  R  I  L  Ŭ  W  K  K  A  R  O  X  H
S  N  A  Ŭ  U  H  R  A  V  K  Q  V  C  I  T  T
E  A  H  E  X  V  A  O  A  E  A  F  T  A  R  D
S  Y  G  S  V  I  G  V  U  D  K  E  D  K  I  I
```

OK	SES
DEK OK	DEK SES
DECIMALA	SEP
TRI	DEK SEP
DEK TRI	KVAR
KVIN	DEK KVAR
DEK KVIN	DEK
NAŬ	DUDEK
DEK NAŬ	DU
NUL	DEK DU

77 - Kunst Liefert

```
A  R  G  I  L  O  K  N  I  T  J  U  I  G  O  R
M  E  G  N  V  O  E  L  O  A  K  X  F  M  Z  F
I  S  A  S  T  K  M  H  Ĝ  B  O  V  A  E  R  K
Q  A  N  R  E  I  D  Y  E  L  L  M  R  H  V  R
Z  R  T  D  Y  L  D  F  S  O  O  V  K  A  P  W
K  E  G  V  R  I  U  E  M  F  R  B  E  W  B  Y
F  R  G  K  A  R  B  O  O  R  O  E  T  F  R  N
J  O  A  T  L  K  R  Y  F  J  J  A  E  J  O  Q
D  B  T  J  N  A  P  A  P  E  R  O  M  L  S  F
M  B  M  I  O  E  S  T  A  B  L  O  G  O  O  N
P  X  W  M  L  N  V  Q  J  Z  N  Q  L  D  J  C
Z  H  H  W  T  O  O  A  I  I  C  X  U  R  V  Q
Y  J  C  I  K  M  G  J  O  A  W  C  O  S  A  B
F  R  M  E  Q  A  J  J  P  H  P  D  B  N  I  K
B  D  B  R  C  M  O  G  O  F  G  Q  Z  X  P  C
K  O  F  L  H  G  R  V  R  D  Y  M  J  G  S  D
```

AKRILIKO	OLEO
KRAJONOJ	PAPERO
BROSOJ	ERASER
KOLOROJ	ESTABLO
KARBO	SEĜO
IDEOJ	TABLO
FOTILO	INKO
KREAVO	ARGILO
GLUO	AKVO

78 - Tage und Monate

```
W R M E S Y A B I D A V K J Y B
S Q A K O Z S D G F Ŭ E A A O O
S A B A T O D R A M G N L N B K
A X N N Y R R X V P U D E U K T
M N A A O B S B S F S R N A M O
O I L U J M E X M S T E D R E B
N M B Q Y E P C L E O D A O R R
A L I F Y C T M A J V O R Ĉ K O
T S L V E E E S E A O O N R L
O X E P G D M H C E J R N A E U
O G U M W Q B B P C U A O M D N
H L E Z A O R H Z C N U G I O D
E D Q S P J O M V L I R H D F O
R G O A P R N Z P F O B E S I Z
O E V A W F Y O Y M P E Y R R O
Ĵ A Ŭ D O R G C C O V F E T F F
```

AŬGUSTO	KALENDARO
DECEMBRO	MERKREDO
MARDO	MONATO
ĴAŬDO	LUNDO
FEBRUARO	NOVEMBRO
VENDREDO	OKTOBRO
JARO	SABATO
JANUARO	SEPTEMBRO
JULIO	DIMANĈO
JUNIO	SEMAJNO

79 - Das Unternehmen

```
Q  G  A  T  M  T  W  C  G  N  U  W  S  F  J  P
K  R  S  H  L  U  I  N  D  U  S  T  R  I  O  R
X  O  J  O  A  T  L  S  U  E  X  V  H  K  R  O
B  V  T  L  X  M  K  M  J  N  Q  D  Z  R  J  G
F  B  E  H  S  O  S  F  V  A  U  F  B  E  A  R
M  T  E  H  S  N  L  U  D  E  K  O  K  A  L  E
D  U  N  G  O  D  H  P  E  X  K  P  J  S  A  S
P  A  A  V  H  A  C  K  B  P  D  R  O  R  S  O
I  R  E  N  S  P  E  Z  O  R  E  O  K  E  B  K
V  N  E  N  O  V  I  G  A  O  C  D  S  P  R  K
Y  A  V  Z  G  G  I  O  E  F  I  U  I  U  I  O
Q  S  Q  E  E  M  K  N  B  E  D  K  R  T  M  M
H  I  L  I  S  N  S  R  L  S  O  T  W  A  E  E
P  L  X  L  H  T  T  V  E  I  A  O  D  C  D  R
Y  V  A  R  K  L  O  O  C  A  M  R  N  I  O  C
K  V  A  L  I  T  O  F  O  U  W  F  P  O  J  O
```

DUNGO	KREA
UNUOJ	SALAJROJ
ENSPEZO	EBLECO
DECIDO	PREZENTO
PROGRESO	PRODUKTO
KOMERCO	PROFESIA
TUTMONDA	KVALITO
INDUSTRIO	RIMEDOJ
NOVIGA	RISKOJ
INVESTO	REPUTACIO

80 - Kräuterkunde

```
L E Z B P M I W R Y Y E E T K V
T S B K V E Z P F O J J H I U P
J A A I Q U T V F V C A J M L L
C F Z Q E V Z R S L E I V I I A
M R I C M X M B O O O L W A N N
C A L I T U B F T S R R N N A T
O N O T S U G Y I T E U O O R O
N O G A R R A T L O M L P M A B
E Z O D G X G W A E O X O O Y D
D T D R U I K O V D R L G L E T
R F E E A O Q W K T J A M O R A
A I B V L A V E N D O J J K T B
Ĝ U D I F F E J F U S L P N I D
M A R Ĝ O R O M O V V O X E H K
L I N G R E D I E N C O W F E L
C T G P S A I B V X A P Q Z Y S
```

AROMAJ
BAZILO
FLORO
TARRAGON
FENKOLO
ĜARDENO
GUSTO
VERDA
AJLO
KULINARA

LAVENDO
MARĜOROMO
PETROSELO
PLANTO
KVALITO
ROMERO
SAFRANO
TIMIANO
UTILA
INGREDIENCO

81 - Formen

```
M P I X Q C S P R N U M V P Z T
B Z X B N I N J O D N A R J Z C
O I L P Y L M N T L G P F U T E
G I I L A I B R A X I Q T E U L
Q J N S G N X O R E Q G M M G I
P N I H S D D A D N O R O Z K P
K R O Q B R C X A P E S D N U S
P U I I X O I A V X R F I G O O
K Y R S I K R V K B R U M U L F
W L A B M Z K Z O D G Z A Q U O
F N N Z O O L U G N A I R T G V
L Z H N K S O B U K T S I U N A
A V I Q R U Y Q O Y F O P P A L
N N J D A N H I P E R B O L O A
K R A C K O L U G N A T C E R U
O H D P L K E G F N S I D C X G
```

ARKO
TRIANGULO
ANGULO
ELIPSO
HIPERBOLO
RANDOJ
KONUSO
CIRKLO
KURBO
LINIO

OVALA
POLIGONO
PRISMO
PIRAMIDO
KVADRATO
RECTANGULO
RONDA
FLANKO
KUBO
CILINDRO

82 - Musik

```
Y Q R I T M A I W T P F X M C F
Q R U D D T U W M S P D S U Z C
B A L A D O S L V P G H A I L O
T H K O D R I Y W Q R X L V Y U
M O A R T E Z D G H Y O M T I R
V U I R F P V X Y Y S B V U J X
X T Z O M O I N O M R A H I O H
A H E I Z O T S I K I Z U M Z L
U H O Z K L N A L B U M O N O I
D G P F K A G I M Z Ĥ U T Y J I
K A N T I S T O K J O C K Q E E
R T N K N Q V K O O R Z A J Y E
O N O F O R K I M R O D T Z J J
L F A I N S T R U M E N T O V D
K L A S I K A I X U K S D Z G J
K A N T U P Z L M E L O D I O U
```

ALBUMO
BALADO
ĤORO
HARMONIO
HARMONIKO
IMPROVIZI
INSTRUMENTO
KLASIKA
LIRIKO
MELODIO

MIKROFONO
MUZIKA
MUZIKISTO
OPERO
POEZIA
RITMA
RITMO
KANTISTO
KANTU
TAKTO

83 - Antiquitäten

```
H Z X Z D E K K M Q Y J P A P M
P E N T R A Ĵ O J J A M A N R O
S D B A N J G T E M R M N K E I
K M U R E U D S A Y E S G P Z C
U H D T K V V E Ŭ S T B Z X O K
L T G O U E V V T N W T L V R Ŭ
P N R L T L A N E I R N S O E A
T U F I I O L I N M N N H Ĉ L T
A M K T M J O R T O S U U I A N
Ĵ A A S A O R N A N K U X D G A
O V J L N X O Y L E V R G N A G
Y J D I N B Q C X R A P Q O O E
A J K D L O L K R O L G L K A L
P S N V W H V P U J I K Y Y N E
M N S N Q U I A I S T N T H G R
J A R C E N T O Q C O O F A Q D
```

MALNOVA
AŬTENTA
ORNAMAJ
ELEGANTA
GALERO
PENTRAĴOJ
INVESTO
JARCENTO
ARTO
MEBLO

MONEROJ
PREZO
KVALITO
JUVELOJ
SKULPTAĴO
STILO
NEKUTIMA
AŬKCIO
VALORO
KONDIĈO

84 - Adjektive #2

```
P Q S M G D A V I T K U D O R P
Z R R J S A N A N O Q S C D U S
R W I V D E U M T G Z D E B P J
E O P S K R Y A E B N M N O V A
S N W E K K N F R A Ĝ A V O S L
P T I D K R A Ŝ E R F N M R D A
O D W L D B I G S T N Ĝ Z A F S
N F O R T A F B A G W E S T R Y
D F P J S A T T A V M B L N F D
E G I Z A R A N T P F L I E X K
O X B E X U Q Y A E O A C T N V
L Q J M R T R P S G Q U V Ŭ W O
K S Q L K A A V L Q M Z Y A U K
E L E G A N T A A L A M R O N X
G S V Y Y V N U M A Z R P H A Y
I R X N F S I A O I C K N S X T
```

AŬTENTA   KREA
FAMA   NATURA
PRISKRIBA   NOVA
DRAMAN   NORMALA
ELEGANTA   PRODUKTIVA
MANĜEBLA   SALAJ
FREŜA   FORTA
SANA   FIERA
MALSATA   RESPONDE
INTERESA   SOVAĜA

85 - Kleidung

```
P  I  Ĵ  A  M  O  R  E  I  L  O  K  V  F  S  A
Q  Q  L  A  B  Z  B  L  F  H  K  G  O  N  E  R
T  A  C  O  K  U  T  Ŭ  A  T  N  A  C  X  V  L
J  A  K  O  Q  L  Q  K  Y  V  I  T  O  X  E  T
J  V  C  K  C  B  G  B  S  S  I  P  J  P  T  R
M  A  N  T  E  L  O  J  R  V  G  B  F  P  E  Y
V  E  S  T  O  O  N  O  L  A  T  N  A  P  R  M
R  U  N  N  Y  K  A  T  Y  B  C  X  P  L  J  O
J  U  V  E  L  O  J  N  N  G  B  E  F  R  U  D
Ĉ  A  C  E  M  O  O  A  J  T  C  I  L  D  P  O
Ĉ  A  J  Y  E  U  L  G  P  R  D  U  G  E  O  E
H  E  P  N  Q  C  A  Z  Q  X  F  Q  V  Y  T  S
P  V  M  E  S  O  D  U  S  K  U  L  O  U  Ŝ  O
R  V  Y  I  L  E  N  Z  O  N  O  T  Z  S  R  Q
J  M  A  I  Z  O  A  W  O  T  D  G  S  O  W  G
N  L  F  O  Q  O  S  M  Z  N  K  G  O  T  Y  E
```

BRACELETO   MANTELO
BLUZO   MODO
ZONO   SEVETER
KOLIERO   JUPO
GANTOJ   SANDALOJ
ĈEMIZO   SKULO
PANTALONO   PIĴAMO
ĈAPELO   JUVELOJ
JAKO   ŜUO
VESTO   ANTAŬTUKO

86 - Haus

```
D B S T K U I R E J O L I R A B
R I U E K E D D V U V Y L D M A
O B B G W Z O B U T N E M A K A
M L T M M O N M A X O E Y O N V
O I E E V K E O F L P G A D L O
Ĉ O G N Q M D V U T A Y B V S Y
A T M T J T R W Q T A O P M A L
M E E O R J A F D P L A F O N O
B K N P R E Ĝ C U S V Y K E M Q
R O T P O R D O Ŝ N P X N A E S
O M O Ĝ A R A G O L N E J A B Q
Ĉ A M B R O U T K Z D R G S L F
U L T I N M P M K J V D T U O K
U Q U Z K F E N E S T R O U L I
Q R X Z U W T Y J S H Z M N L O
F Y E F X U G Y R W U Q P I L Q
```

BALAO   KUIREJO
BIBLIOTEKO   LAMPO
TEGMENTO   MEBLO
SUBTEGMENTO   DROMOĈAMBRO
PLAFONO   KAMENTUBO
DUŜO   SPEGULO
FENESTRO   PORDO
GARAĜO   MURO
ĜARDENO   BARILO
FAJRO   ĈAMBRO

87 - Bauernhof #1

```
N N G C W F O J N O R E T U F C
M Q R B A R I L O L N A A M K S
F R S T L M C E D A H I X A T A
X S O J A P V T I V X S V L I G
I N I Y H C K J V E C K O H R R
T W M X T R M K O Ĉ D R S B I
G Q Q M O Q X X B H P Q O N D K
U F Z J A P G R U T I O A D O U
S P Z G Q U M E K O K I D O A L
T H O L C T I U E L Q J Q V K T
E I F S T X E C H E M B K R V U
R A Z E N O L E F B P R X O O R
K O Q Q R D O R P A K O I K F O
O C H O N N Y I F O V O R Z Y E
R R Y I Q U K A M P O T A K O S
O C M N W H E E D A C U D C O I
```

ABELO
STERKO
AZENO
KAMPO
FOJNO
MIELO
KOKIDO
HUNDO
BOVIDO
KATO

KORVO
BOVINO
TERO
AGRIKULTURO
ĈEVALO
RIZO
PORKO
AKVO
BARILO
KAPRO

88 - Regierung

```
R U X M A A Y F J U Z O L C D I
Z F Q B O T U K S I D V E M H N
V D Y R F N K G R C T T Ĝ X G D
L L K Z X H U W H U T U O N L E
Y W Q U V E C M S I M B O L O P
K Y I R O U R Q E C K C D O T E
G M J O T J A R P N S V A R K N
G V I D A N T O A V T Y L D I D
K O N S T I T U C I O O O N R E
N K R Q S Z C R A E I W R A T N
A I I S J H W X P P R L A C S C
C T B J J U S T E C O E P I I E
I I D E M O K R A T I O B O D F
A L I V I C U U X S Z I Z I B Y
K O E G A L E C O V Z R C C L X
Z P K T X A C J X J J U D H X W
```

DISTRIKTO
DEMOKRATIO
MONUMENTO
DISKUTO
LIBERECO
PACA
GVIDANTO
JUSTECO
LEĜO
EGALECO

NACIO
NACIA
POLITIKO
RAJTOJ
PAROLADO
STATO
SIMBOLO
INDEPENDENCE
KONSTITUCIO
CIVILA

89 - Berufe #1

```
B O D M J U V E L I S T O S I W
A T O U O G O L O K I S P S H Y
N S K Z G P V I T S T B S C B V
K I T I O L E B S Z Q Y E P O Q
I N O K L U T R I W G O Y U N R
S J R I O M E O S Z Q M O J I D
T E O S E B R T A D V O K A T O
O R G T G I I E Ĉ P Q N V U S R
A T M O B S N N I N K O H U I O
Y R S E I T A I P C G R B P T L
V J T I A O R S T X N T H S R J
M Y X I C P O T E S T S I O A A
P B D E S N Z O X F V A F B V T
G O Y F N T A M B A S A D O R O
F Y E I F X O D P I A N I S T O
O T K A R T O G R A F O P A S M
```

DOKTORO
ASTRONOMO
BANKISTO
AMBASADORO
LIBROTENISTO
GEOLOGO
ĈASISTO
JUVELISTO
KARTOGRAFO
PLUMBISTO

VARTISTINO
ARTISTO
MUZIKISTO
PIANISTO
PSIKOLOGO
ADVOKATO
TAJLORO
DANCISTO
VETERINARO
TREJNISTO

90 - Adjektive #1

```
M Y Z F E Z C E T S K O I M O A
B O S Z G R A N D E G A L E B F
O A D I P A R L A M S H Q R T X
P U D E M G A X V X M D S J B
A E Y Y R H L U D G A Ĉ I L E F
B D R O B N D S D J P G N K H T
S N I F Y H A M U L L A M X L A
O U A M E A W P H U U P U A O Z
L F U H Q K N K B O K E I L T Q
U O G N J I T J J H N L O P P L
T R A Y K D C A H L E E W U E K
A P L X V L Q M G T S S S O Z J
V K L R A A D O S G C F K T A D
A I O M T M P R Q T M G Y N O F
R V G S I D I A T N E D I C R I
G O A T R A K T I V A R O L A V
```

ABSOLUTA
AKTIVA
AROMAJ
ALLOGA
MALLUMA
MALDIKA
HONESTO
FELIĈA
IDENTA
ARTA

MALRAPIDA
MODERNA
PERFEKTA
GRANDEGA
BELA
PEZA
PROFUNDE
SENKULPA
VALORA
GRAVA

91 - Geometrie

```
L A O J J B G J H K N U K O M H
N O S E G M E N T O U K U R B O
U T G K L W N B L C M T P A D S
C G O I E D O C S F E Y A N I A
J J V U K T L H T D R K R G M M
B E H C S O G T X I O S A U E R
T R I A N G U L O A I I L L N H
S U R F A C O U O M R M E O S G
P R O P O R C I O E O E L C I M
R Q T C I P G I H T E T O F O X
Y Z A X C Y L F O R T R R G F R
X M R M A L A T N O Z I R O H F
F O D U V Z Y V L H T O C B Y T
U C A U K W W G Q K A L K U L O
N Y V Z E C I R K L O E A C Y J
W P K I B F K F S K U S K L G C
```

PROPORCIO   LOGIKO
KALKULO   MASO
DIMENSIO   NUMERO
TRIANGULO   SURFACO
DIAMETRO   PARALELO
EKVACIO   KVADRATO
HORIZONTALA   SEGMENTO
ALTO   SIMETRIO
CIRKLO   TEORIO
KURBO   ANGULO

92 - Jazz

```
M K O M P O N A D O Z A A M A F
Ŝ A S A U E U F L Q Z K L R T S
A I L T X C L O F I C E B P K M
T X D N A P L A Ŭ D O J U Q C Z
A V G S O A R T I S T O M T I R
T K C M G V F Y H Y Q R O T D H
O J A J D Y A I N O V A R A M Y
J C E O Y E Y M R T Z V T L U H
I S Q T G O A P J S C O S E Z K
M T T S Q T X R U I P K E N I O
D B E I E C H O T N A K K T K N
B F M K L J R V T O A P R O O C
O M H I N O F I M P L J O P E E
J Y R Z I I J Z T M A C K R L R
I J M U S C K O Q O K P J V Z T
Y R G M A Q I O J K U Z T R I O
```

ALBUMO
MALNOVA
APLAŬDOJ
FAMA
ŜATATOJ
VARO
IMPROVIZO
KOMPONISTO
KONCERTO
ARTISTO

KANTO
MUZIKO
MUZIKISTOJ
NOVA
ORKESTRO
RITMO
STILO
TALENTO
TEKNIKO
KOMPONADO

93 - Mathematik

```
D P M Z Q R B W V U K J E E A W
I P E Y Q E Q P O A V S K O R R
A A A R G X I R L L A I S M I E
M R A E P E I M U T D M P A T C
E A Y K A E O C M P R E O R M T
T L G V O N N M O D A T N G E A
R E L A E T G D E F T R E O T N
O L N C P W R U I T O I N L I G
E O Z I C A W A L K R O T E K U
F O N O G I L O P O U I O L O L
D E C I M A L A A P J L O A V O
Z F R A K C I O S U I D A R P Z
C I R K O N F E R E N C O A B P
T R I A N G U L O S U M O P K M
L F D X G H X W P O B T U C U K
U Y G U Q E U F X G M X G P X L
```

ARITMETIKO	POLIGONO
FRAKCIO	KVADRATO
DECIMALA	RADIUSO
TRIANGULO	RECTANGULO
DIAMETRO	PERPENDIKULA
EKSPONENTO	SUMO
GEOMETRIO	SIMETRIO
EKVACIO	CIRKONFERENCO
PARALELO	VOLUMO
PARALELOGRAMO	ANGULOJ

94 - Messungen

```
A  I  T  R  F  N  A  V  M  R  C  P  D  L  K  D
M  L  S  E  N  G  B  R  O  R  T  I  L  O  I  E
Q  F  T  Q  N  L  W  G  T  L  X  J  B  N  L  C
O  U  O  O  C  N  U  V  J  Y  U  M  L  G  O  I
P  R  O  F  U  N  D  O  A  C  B  M  X  O  G  M
I  G  D  M  V  M  P  U  B  J  K  E  O  R  R  A
C  E  N  T  I  M  E  T  R  O  K  K  R  T  A  L
T  U  N  O  G  J  V  R  M  A  S  O  T  E  M  A
Y  Z  R  M  J  R  X  R  J  G  V  L  E  M  O  X
O  V  F  I  O  P  A  K  W  X  N  O  M  N  D  E
F  I  V  N  N  O  N  M  R  F  C  C  O  N  A  B
Q  U  J  U  H  Z  E  A  O  Ĝ  R  A  L  G  R  P
V  G  O  T  N  I  M  X  C  R  I  T  I  V  G  E
V  X  C  O  D  G  O  E  F  I  A  I  K  Y  J  Z
J  V  I  B  B  O  B  X  G  I  F  C  H  K  Y  O
M  T  A  M  V  V  P  T  V  I  V  J  Q  M  F  V
```

LARĜO
BAJTO
DECIMALA
PEZO
GRADO
GRAMO
ALTO
KILOGRAMO
KILOMETRO
LONGO

LITRO
MASO
METRO
MINUTO
PROFUNDO
TUNO
UNCO
VOLUMO
CENTIMETRO
COLO

95 - Boxen

```
F G Z M A S Q G C D T R E L T C
G R W E I G O T R E L H L V C P
P K V N V A N N Ŝ N U R O J M E
O N G T L T G F O T U B U K F L
Z X S O B Z U O P R M Y N A P Ĉ
N I A N O I P T I P I Z U U U E
E U W O F T R K N I L L V K N R
Y Q M J O T N A G E V T O O K P
Y V O Q K T H A X D G E I N T I
S S V X U X M I L B E D J T O T
X G V D S D W C G A R I L R J A
U F Y X O H E C X T T P X A T K
W F B K S E O E M O E A K Ŭ G R
A N G U L O V O R T E R B U P R
W F Z N B M N E C P Z X D L L L
K O R P O F O R T O P C I O M Y
```

ANGULO	BATALANTO
KUBUTO	PIEDBATO
ELĈERPITA	MENTONO
PUGNO	KORPO
LERTO	PUNKTOJ
FOKUSO	RETROVO
KONTRAŬULO	RAPIDE
SONORILO	ŜNUROJ
GANTOJ	FORTO

96 - Psychologie

```
C M P K P E U S M Z G B J B V Z
O X E H F E G K V K U M O C D N
K A N N D E R O I I N F L U O J
F B S F U V R C I X Z S A X M Y
T Z O B J O T N E S T W E L U T
W P J S R G U D Z P M V R G M E
T G A O S K A T U M T O N J O R
A K I N I L K D E M E O Y S N A
P N C Ĝ S C M V J N R T P H Q P
R T S O T U D N O K S K U L L I
O X N J O E D I N O Ĝ I I C S O
B E O C E N O S R E P L P Q Z B
L I K I N F A N A Ĝ O F N M P P
E M N F K X K W P X C N C E X R
M S E T C S A I C S N O K B U S
O N S B Y Y S N T A O K S F W I
```

TAKSO
SENKONSCIA
EGOISMO
INFLUOJ
PENSOJ
IDEOJ
INFANAĜO
KLINIKA
SCIIĜO
KONFLIKTO

PERSONECO
PROBLEMO
SENTO
NOMUMO
TERAPIO
SONĜOJ
SUBKONSCIA
KONDUTO
PERCEPTO
REALO

97 - Bauernhof #2

```
C C T A I Z S R T R I T I K O S
K Y R P L A M O F A Ŝ T J E D S
L A X I R Q W T F Z X P S V E M
H E U Q E P D C R M A P U U A S
E K G K A G K A I P A V H Z N I
R I B O O N J R E C E I Q J S X
B R T D M L X T Y X X G Z U E F
E A M I S O Z W M A N Ĝ O O R R
J X N F F E I H M R I Q R J O U
O U L A C D X R N U K L U E J K
Q H D Ŝ S R E M E T E A T N O T
P Y K V E O B O V A D K L E T O
G U Q N M H Q K M M B T U R S X
I R I G A D O J M H H O K G E Z
U P Z Y H K E O F S O L T L B E
D S E O P M R Q L Q B Y M F G B
```

KULTURO
IRIGADO
ANASO
MANĜO
FRUKTO
ANSEROJ
LEGOMO
HORDEO
LAMO
ŜAFIDO

MAIZO
LAKTO
MATURA
ŜAFO
GRENEJO
BESTOJ
TRACTOR
TRITIKO
HERBEJO

98 - Berufe #2

```
F D P S I T A X A W D T I A A E
K I E O R E I N E Ĝ N I Z T S S
U C L T I N V E N T I N T O T P
R L L O E Z G B C N J D H P R L
A I V L Z K J D L E O J P S O O
C B E I G O T S I V G N I L N R
I H K P E U F I I Y O Z K I A I
S Q T Z T S B O V I L X I N Ŭ S
T B H Z C V Z I C O O U R S T T
O B X U A R W J O E O D U T O O
P E N T R I S T O L Z R R R M Q
Ĝ A R D E N I S T O O Q G U P F
Ĵ U R N A L I S T O H G O I V L
I L U S T R I S T O F H O S J N
D E N T I S T O K Z C B M T G Z
R F U F O T I S T O U U N O N Q
```

KURACISTO	INĜENIERO
ASTRONAŬTO	ĴURNALISTO
BIOLOGO	INSTRUISTO
KIRURGO	LINGVISTO
DETEKTIVO	PENTRISTO
INVENTINTO	FILOZOFO
ESPLORISTO	PILOTO
FOTISTO	DENTISTO
ĜARDENISTO	ZOOLOGO
ILUSTRISTO	

99 - Wetter

```
A K E S J H C I U O C E K E S J
T M P S K A Q O K R A L E I Ĉ U
M B I Z O A Y B F U A D I M U H
O M L U F O L U Z T R G Z Q L I
S L E A Z P W N Q A G X A B D A
F R U Y Y N J Ĉ H R Z L Y N Y M
E Q T B W P Y I Q E G Y A B O D
R M I Y E O P E T P U S K C O U
O K M X U N O L R M U C I J I A
D G W I W G L O A E X K P V I O
A T K E S W U T N T O Q O A A T
N P N Q P Y S A K H F D R X M N
R F P S G K A M V X N S T Z Z E
O M R O T Ŝ G I I F T S V O G V
T O N D R O K L L S T I Y U U G
E K K K O D N K E A L P F D D V
```

ATMOSFERO
FULMO
TONDRO
SEKECO
GLACIO
HUMIDA
ĈIELO
URAGANO
KLIMATO
NEBULO

POLUSA
ĈIELARKO
TRANKVILE
ŜTORMO
TEMPERATURO
TORNADO
SEKA
TROPIKA
VENTO
NUBO

100 - Chemie

```
G Q Y Z L S Z B D J H F H R L V
O D I C A A Y C S L I P X S F F
L K Y Q W L I T O D I W B P T I
U A S B B O H M G A Z O R O L K
K J O I Z U W N S E Z M P O S R
E T N O G A L A K L A I E R A W
L Z E O D E E S H K H Z Z G C U
O J G M V G N J X U F N O A H I
M S O Y P U B O U N E E N N B V
W G R C N E K A R B O N O I D Z
L K D T V Q R Q N B W O R K Y Y
I F I A Q A P A B U M I T A R Q
K P H Z U L R V T D K P K K E B
V V P W K B I M F U J X E E A T
A V M Q J O N O O R R E L D G C
K A T A L I Z I L O V O E U O F
```

ALKALA	KARBONO
KLORO	MOLEKULO
ELEKTRONO	NUKLEA
ENZIMO	ORGANIKA
LIKVA	REAGO
GAZO	SALO
PEZO	OKSIGENO
VARMO	ACIDO
JONO	TEMPERATURO
KATALIZILO	HIDROGENO

1 - Gesundheit und Wellness #2

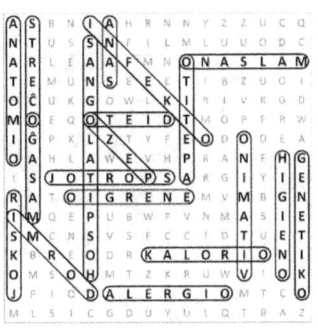

2 - Ozean

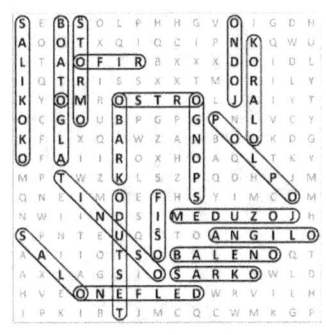

3 - Krankheit

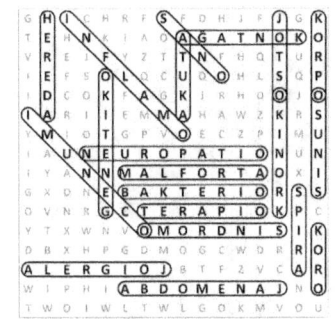

4 - Meditation

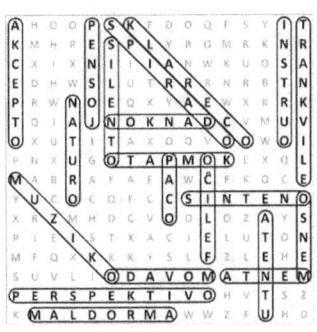

5 - Archäologie

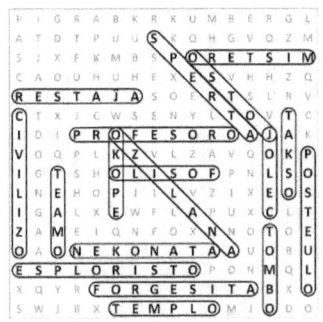

6 - Gesundheit und Wellness #1

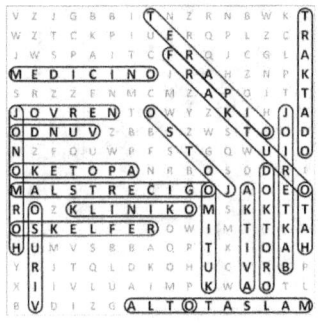

7 - Obst

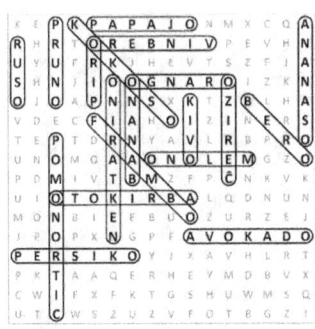

8 - Einwanderung

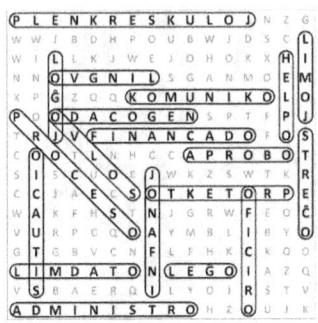

9 - Universum

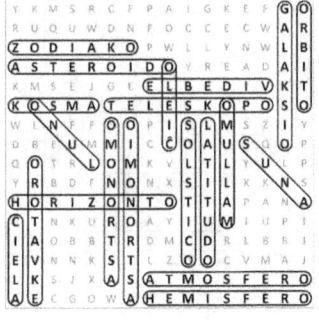

10 - Camping

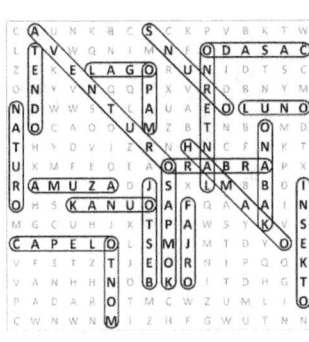

11 - Zeit

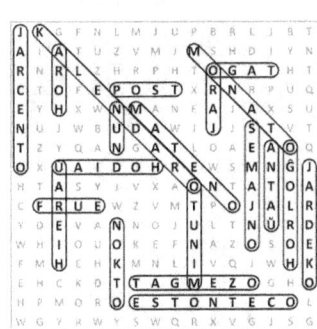

12 - Säugetiere

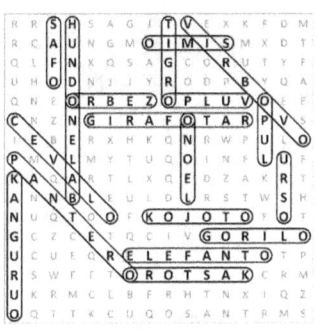

13 - Algebra

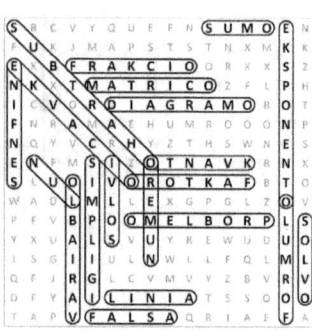

14 - Philanthropie

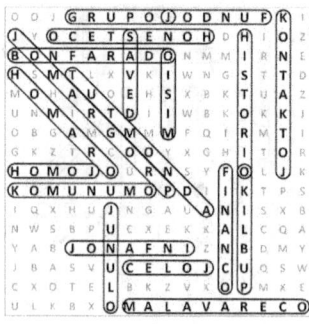

15 - Diplomatie

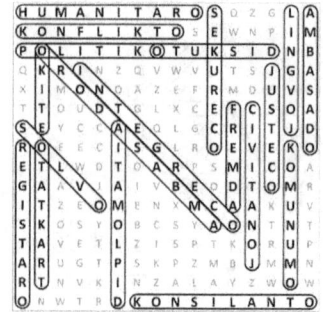

16 - Astronomie

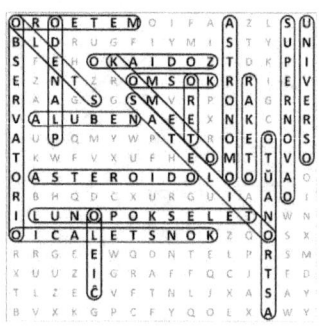

17 - Ballett

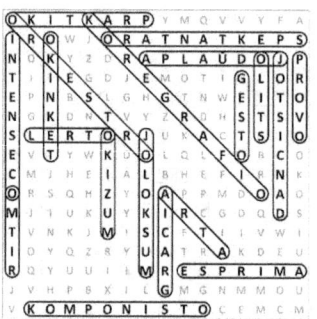

18 - Geologie

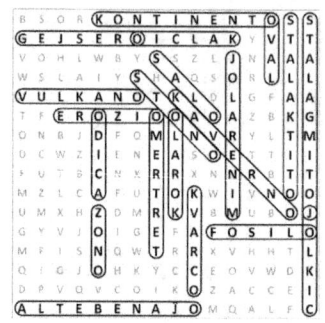

19 - Wissenschaft

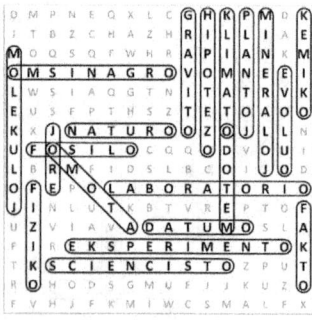

20 - Bildende Kunst

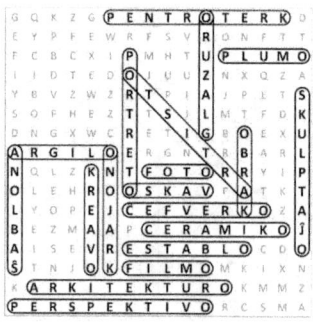

21 - Mythologie

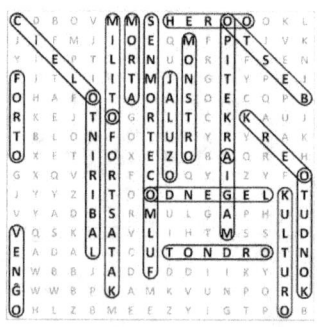

22 - Restaurant #2

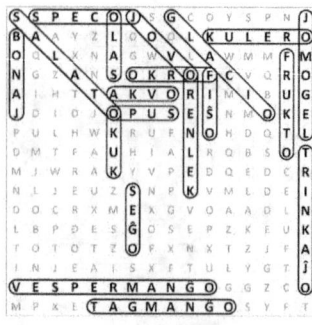

23 - Ökologie

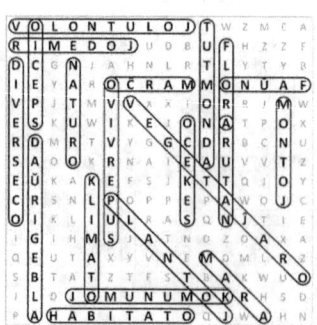

24 - Schokolade

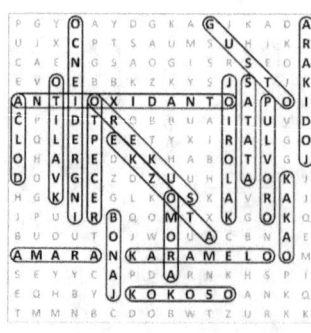

25 - Boote

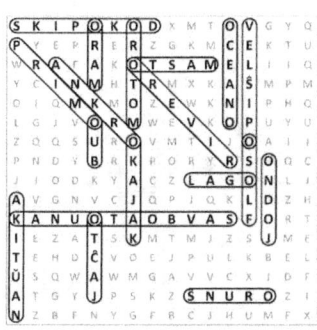

26 - Stadt

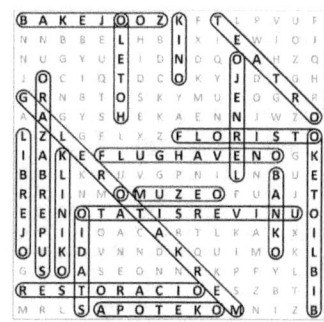

27 - Aktivitäten

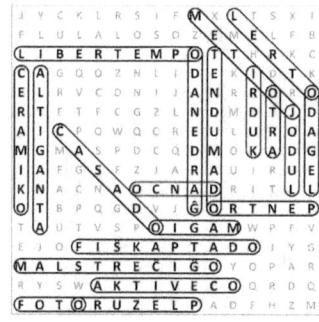

28 - Bienen

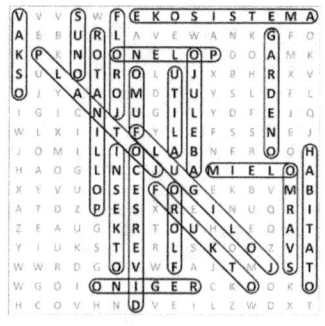

29 - Wissenschaftliche

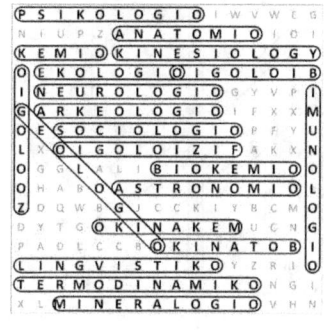

30 - Vögel

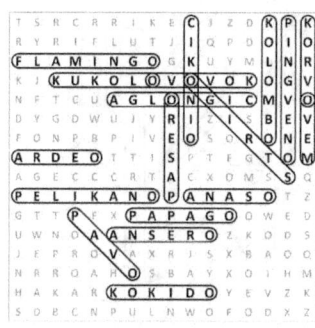

31 - Biologie

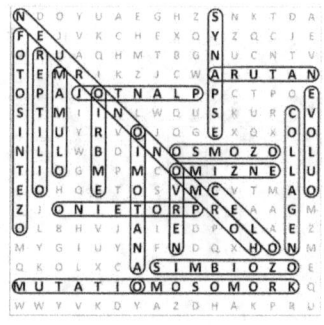

32 - Elektrizität

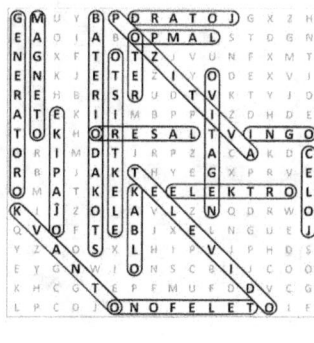

33 - Garten

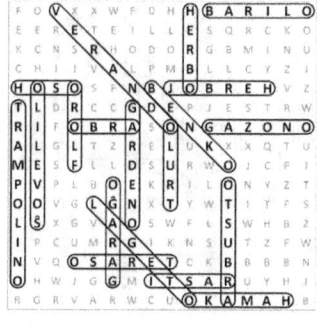

34 - Antarktis

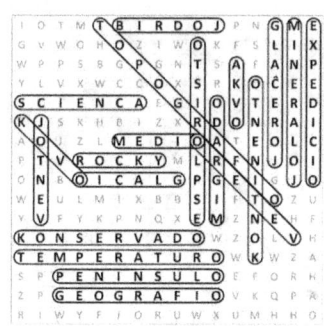

35 - Fahren

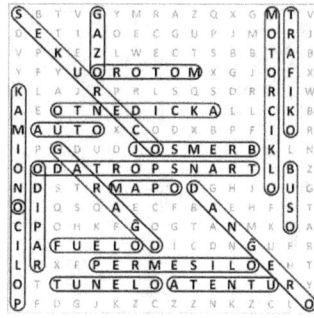

36 - Physik

37 - Bücher

38 - Menschlicher Körper

39 - Klettern

40 - Agronomie

41 - Landschaften

42 - Abenteuer

43 - Flugzeuge

44 - Haartypen

45 - Essen #1

46 - Ethik

47 - Gebäude

48 - Mode

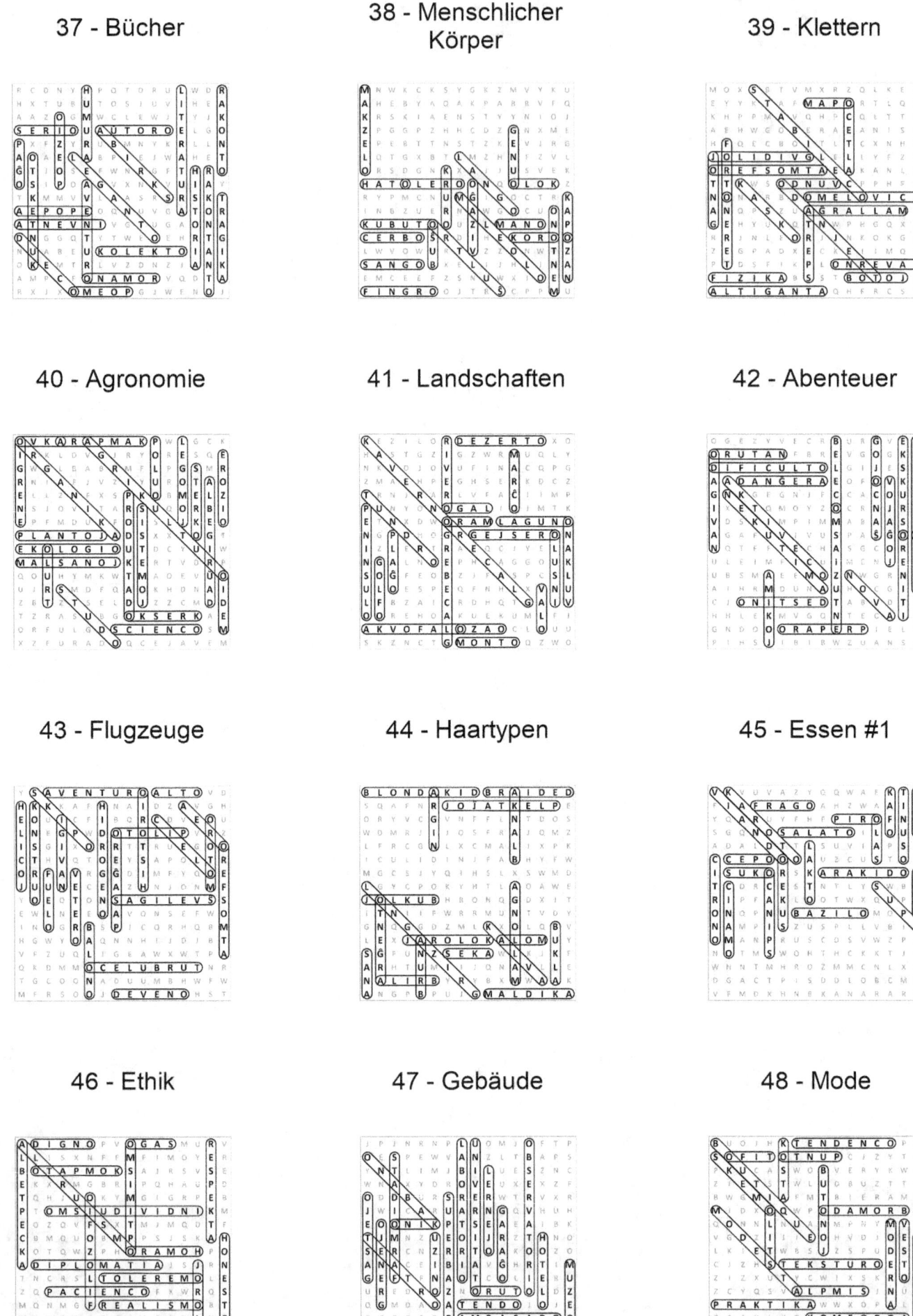

49 - Angeln

50 - Essen #2

51 - Energie

52 - Familie

53 - Pflanzen

54 - Kunst

55 - Gewürze

56 - Kreativität

57 - Geschäft

58 - Ingenieurwesen

59 - Kaffee

60 - Gemüse

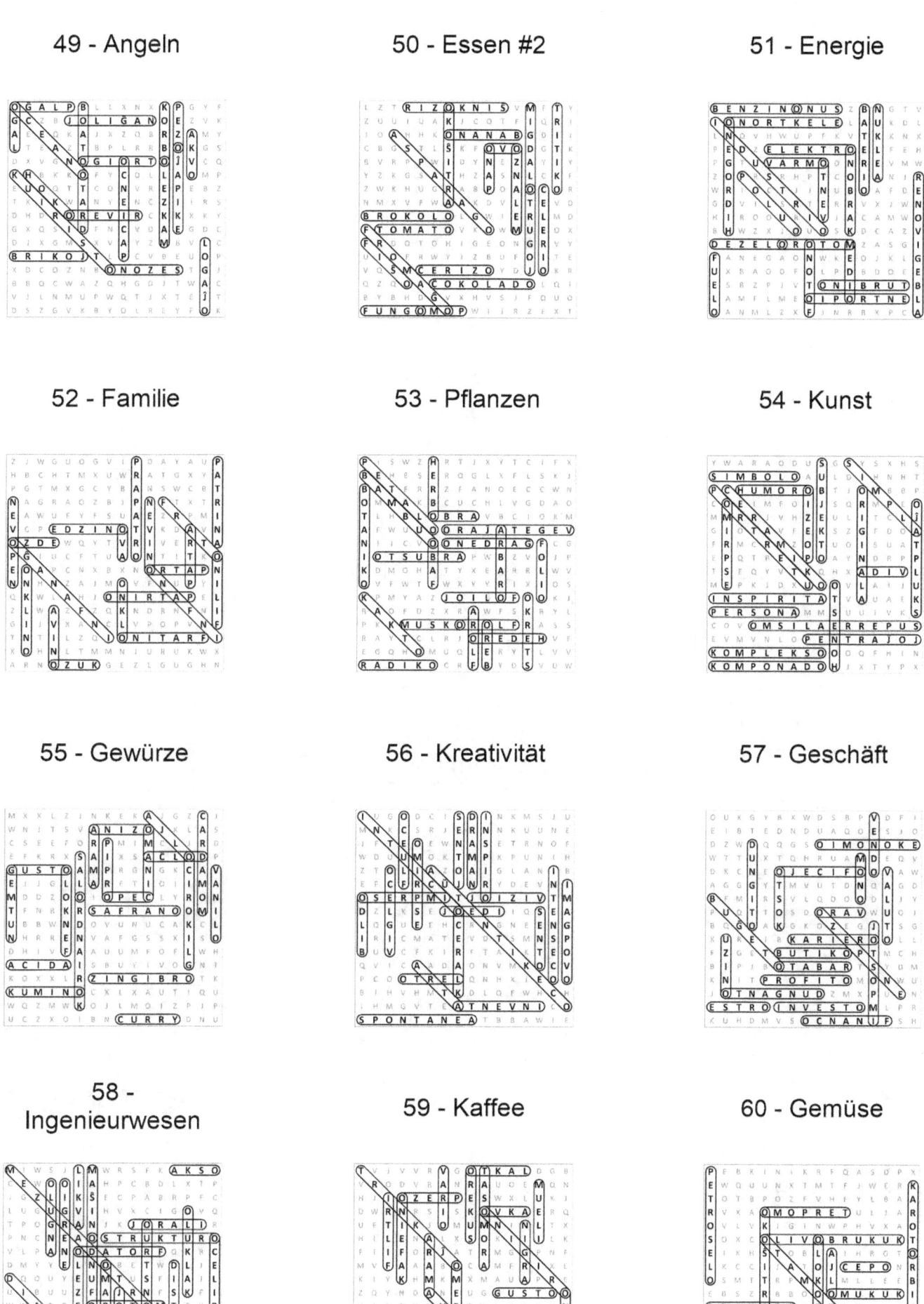

61 - Schönheit

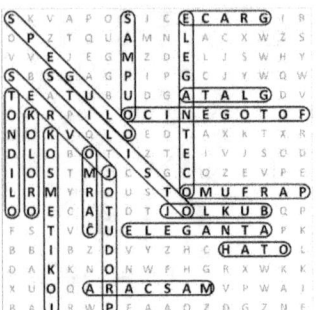

62 - Tanzen

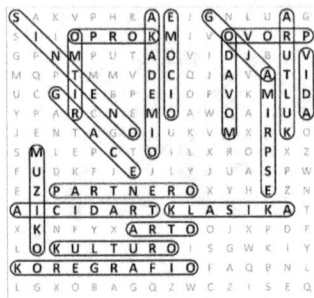

63 - Ernährung

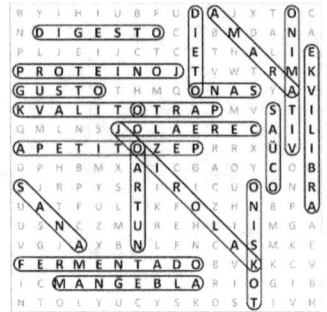

64 - Länder #1

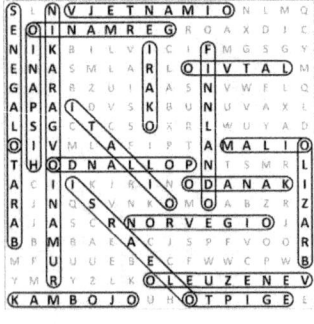

65 - Science Fiction

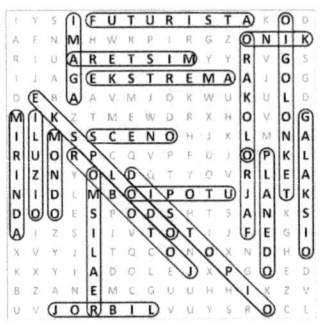

66 - Literatur

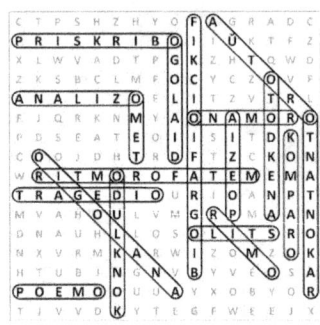

67 - Wandern

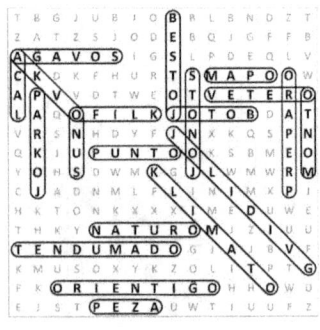

68 - Globale Erwärmung

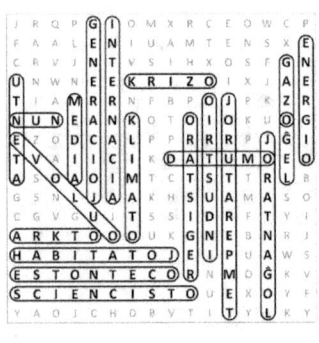

69 - Länder #2

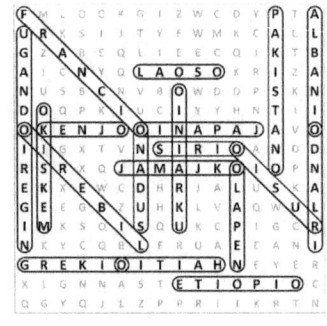

70 - Fahrzeuge

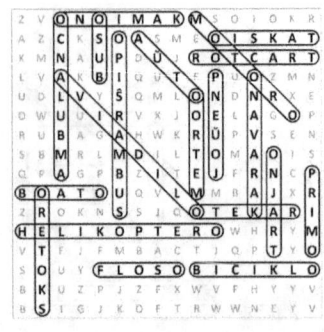

71 - Natur

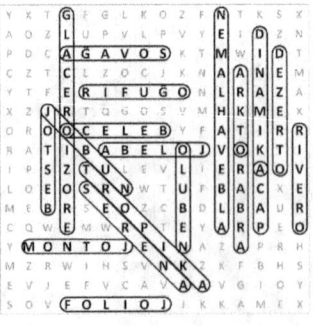

72 - Urlaub #2

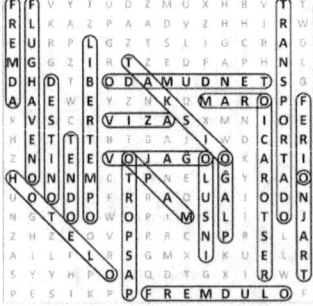

73 - Barbecues

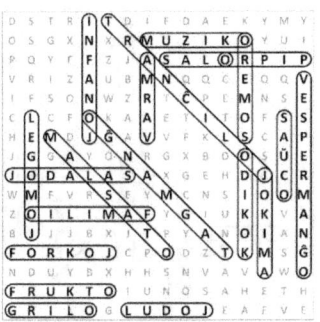

74 - Küche

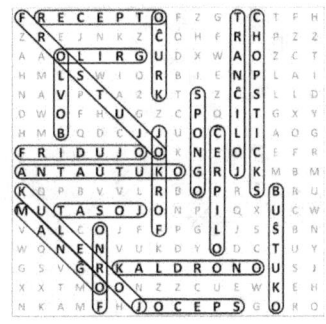

75 - Geographie

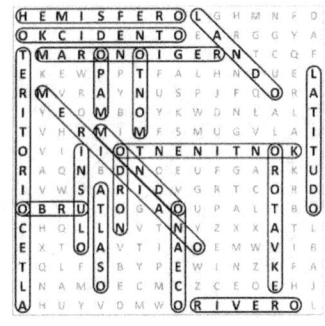

76 - Zahlen

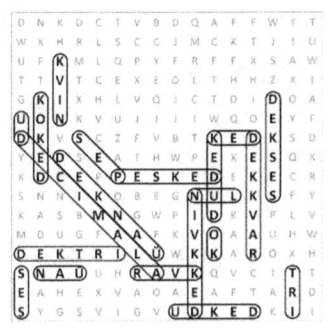

77 - Kunst Liefert

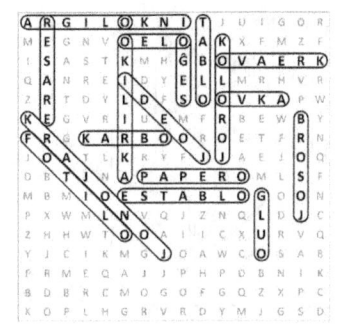

78 - Tage und Monate

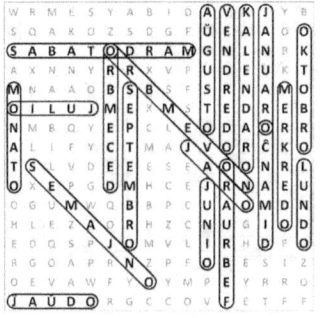

79 - Das Unternehmen

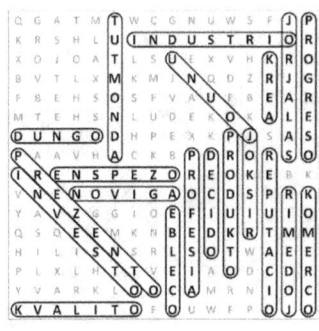

80 - Kräuterkunde

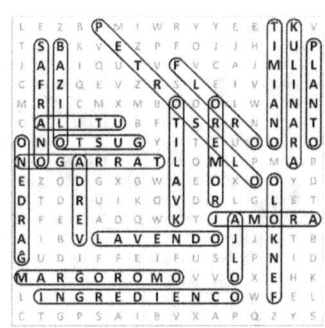

81 - Formen

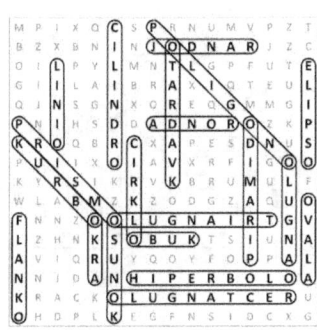

82 - Musik

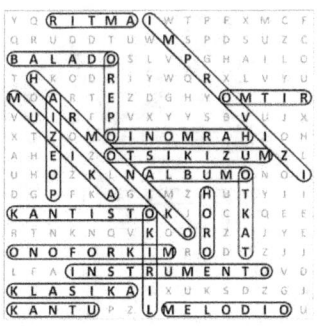

83 - Antiquitäten

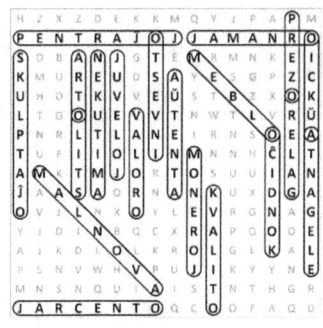

84 - Adjektive #2

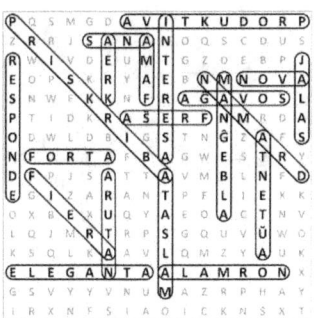

85 - Kleidung

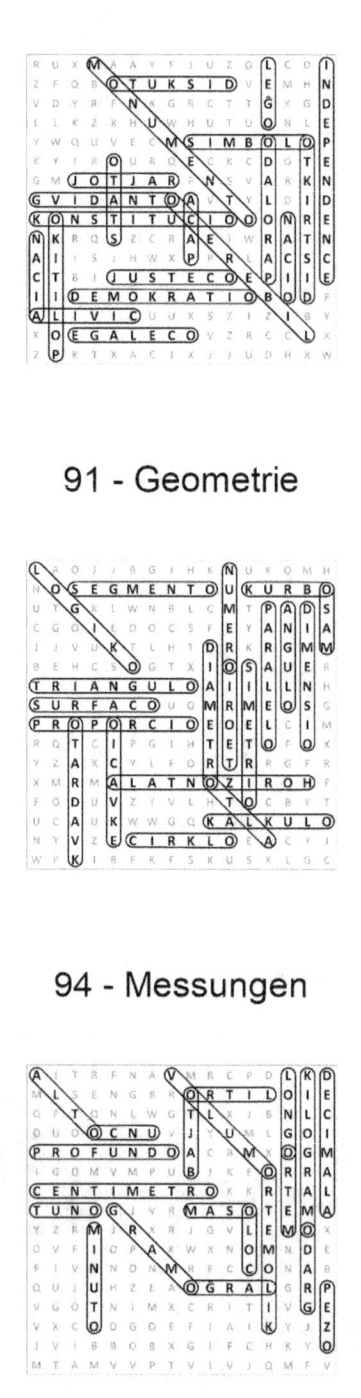

86 - Haus

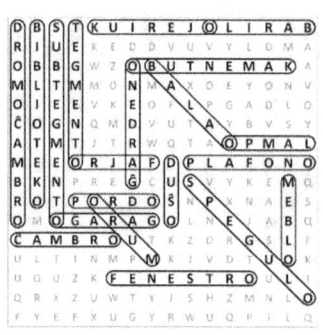

87 - Bauernhof #1

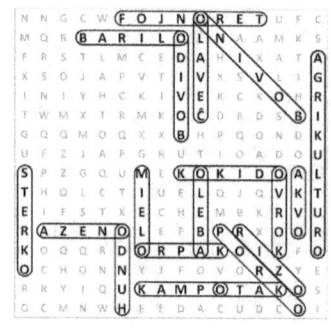

88 - Regierung

89 - Berufe #1

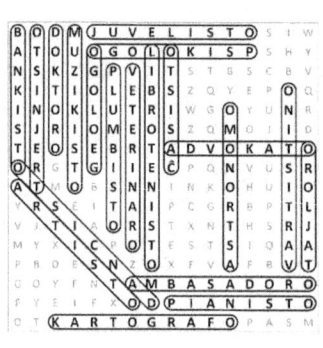

90 - Adjektive #1

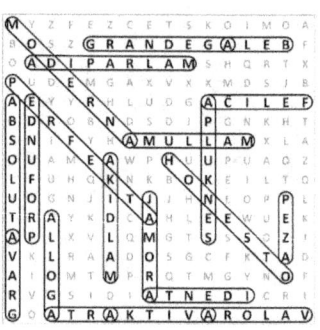

91 - Geometrie

92 - Jazz

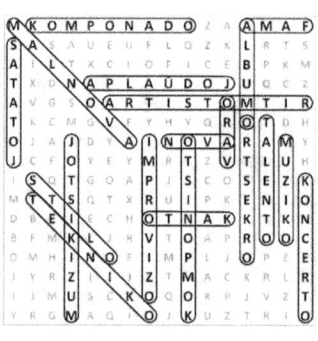

93 - Mathematik

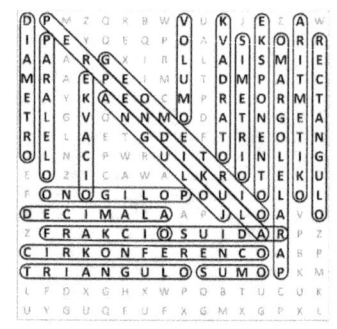

94 - Messungen

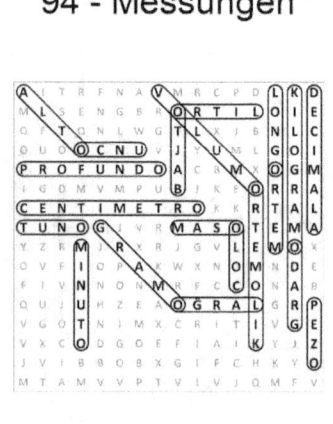

95 - Boxen

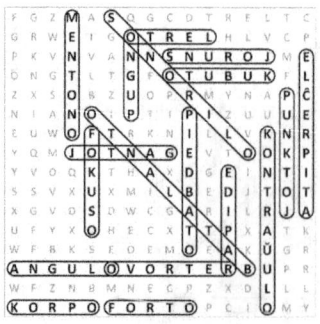

96 - Psychologie

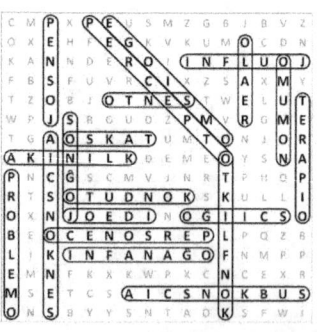

97 - Bauernhof #2

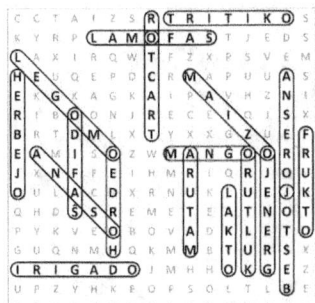

98 - Berufe #2

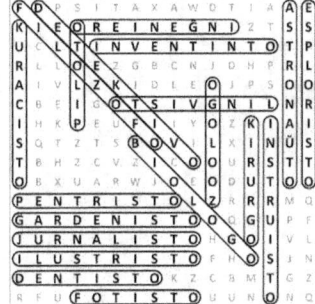

99 - Wetter

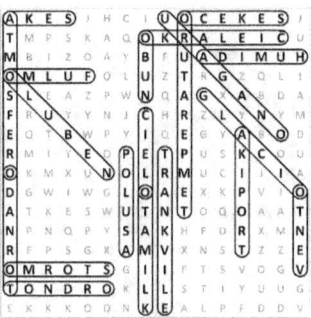

100 - Chemie

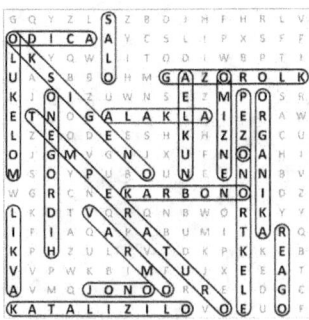

Wörterbuch

Abenteuer
Aventuro

Aktivität	Aktiveco
Ausflug	Ekskurso
Begeisterung	Entuziasmo
Chance	Ŝanco
Freude	Ĝojo
Freunde	Amikoj
Gefährlich	Danĝera
Natur	Naturo
Navigation	Navigado
Neu	Nova
Reisen	Vojaĝoj
Route	Itinero
Schönheit	Beleco
Schwierigkeit	Dificulto
Sicherheit	Sekureco
Tapferkeit	Bravo
Ungewöhnlich	Nekutima
Vorbereitung	Preparo
Ziel	Destino

Adjektive #1
Adjektivoj #1

Absolut	Absoluta
Aktiv	Aktiva
Aromatisch	Aromaj
Attraktiv	Alloga
Dunkel	Malluma
Dünn	Maldika
Ehrlich	Honesto
Glücklich	Feliĉa
Identisch	Identa
Künstlerisch	Arta
Langsam	Malrapida
Modern	Moderna
Perfekt	Perfekta
Riesig	Grandega
Schön	Bela
Schwer	Peza
Tief	Profunde
Unschuldig	Senkulpa
Wertvoll	Valora
Wichtig	Grava

Adjektive #2
Adjektivoj #2

Authentisch	Aŭtenta
Berühmt	Fama
Beschreibend	Priskriba
Dramatisch	Draman
Elegant	Eleganta
Essbar	Manĝebla
Frisch	Freŝa
Gesund	Sana
Hungrig	Malsata
Interessant	Interesa
Kreativ	Krea
Natürlich	Natura
Neu	Nova
Normal	Normala
Produktiv	Produktiva
Salzig	Salaj
Stark	Forta
Stolz	Fiera
Verantwortlich	Responde
Wild	Sovaĝa

Agronomie
Agronomio

Boden	Trulo
Dünger	Sterko
Energie	Energio
Erosion	Erozio
Gemüse	Legomoj
Krankheit	Malsanoj
Landwirtschaft	Agrikulturo
Ländlich	Kampara
Nachhaltig	Daŭrigebla
Organisch	Organika
Ökologie	Ekologio
Pflanzen	Plantoj
Produktion	Produktado
Studie	Studo
Systeme	Sistemoj
Umwelt	Medio
Verschmutzung	Poluo
Wachstum	Kresko
Wasser	Akvo
Wissenschaft	Scienco

Aktivitäten
Agadoj

Aktivität	Aktiveco
Angeln	Fiŝkaptado
Camping	Tendumado
Entspannung	Malstreĉiĝo
Fähigkeit	Lerto
Fotografie	Foto
Freizeit	Libertempo
Gartenarbeit	Ĝardenado
Gemälde	Pentro
Jagd	Ĉasado
Keramik	Ceramiko
Kunst	Arto
Kunsthandwerk	Metioj
Lesen	Legado
Magie	Magio
Nähen	Kudri
Spiele	Ludoj
Tanzen	Danco
Vergnügen	Plezuro
Wandern	Altiganta

Algebra
Algebro

Bruchteil	Frakcio
Diagramm	Diagramo
Exponent	Eksponento
Faktor	Faktoro
Falsch	Falsa
Formel	Formulo
Gleichung	Ekvacio
Linear	Linia
Lösen	Solvi
Lösung	Solvo
Matrix	Matrico
Menge	Kvanto
Null	Nul
Nummer	Numero
Problem	Problemo
Subtraktion	Subtraho
Summe	Sumo
Unendlich	Senfine
Variable	Variablo
Vereinfachen	Simpligi

Angeln
Fiŝkaptado

Ausrüstung	Ekipaĵo
Boot	Boato
Draht	Drato
Flossen	Naĝiloj
Fluss	Rivero
Geduld	Pacienco
Gewicht	Pezo
Haken	Hoko
Jahreszeit	Sezono
Kiefer	Makzelo
Kiemen	Brikoj
Kochen	Kuiristo
Korb	Korbo
Köder	Logaĵo
Ozean	Oceano
See	Lago
Strand	Plaĝo
Übertreibung	Troigo
Wasser	Akvo

Antarktis
Antarkto

Bucht	Kovo
Eis	Glacio
Erhaltung	Konservado
Expedition	Expedicio
Felsig	Rocky
Forscher	Esploristo
Geographie	Geografio
Gletscher	Glaĉeroj
Halbinsel	Peninsulo
Kontinent	Kontinento
Migration	Migrado
Mineralien	Mineraloj
Temperatur	Temperaturo
Topographie	Topografio
Umwelt	Medio
Vögel	Birdoj
Wasser	Akvo
Wetter	Vetero
Wind	Ventoj
Wissenschaftlich	Scienca

Antiquitäten
Antikvaĵoj

Alt	Malnova
Authentisch	Aŭtenta
Dekorativ	Ornamaj
Elegant	Eleganta
Galerie	Galero
Gemälde	Pentraĵoj
Investition	Investo
Jahrhundert	Jarcento
Kunst	Arto
Möbel	Meblo
Münzen	Moneroj
Preis	Prezo
Qualität	Kvalito
Schmuck	Juveloj
Skulptur	Skulptaĵo
Stil	Stilo
Ungewöhnlich	Nekutima
Versteigerung	Aŭkcio
Wert	Valoro
Zustand	Kondiĉo

Archäologie
Arkeologio

Analyse	Analizo
Auswertung	Takso
Ära	Epoko
Experte	Sperta
Forscher	Esploristo
Fossil	Fosilo
Geheimnis	Mistero
Grab	Tombo
Knochen	Ostoj
Mannschaft	Teamo
Nachkomme	Posteulo
Objekte	Celoj
Professor	Profesoro
Relikt	Restaĵa
Tempel	Templo
Unbekannt	Nekonata
Vergessen	Forgesita
Zivilisation	Civilizo

Astronomie
Astronomio

Asteroid	Asteroido
Astronaut	Astronaŭto
Astronom	Astronomo
Erde	Tero
Himmel	Ĉielo
Komet	Kometo
Konstellation	Konstelacio
Kosmos	Kosmo
Meteor	Meteoro
Mond	Luno
Nebel	Nebula
Observatorium	Observatorio
Planet	Planedo
Rakete	Raketo
Satellit	Satelito
Stern	Stelo
Supernova	Supernovao
Teleskop	Teleskopo
Tierkreis	Zodiako
Universum	Universo

Ballett
Baleto

Anmutig	Gracia
Applaus	Aplaŭdoj
Ausdrucksvoll	Esprima
Choreographie	Koregrafio
Fähigkeit	Lerto
Geste	Gesto
Intensität	Intenseco
Komponist	Komponisto
Künstlerisch	Arta
Musik	Muziko
Muskel	Muskoloj
Orchester	Orkestro
Praxis	Praktiko
Probe	Provo
Publikum	Spektantaro
Rhythmus	Ritmo
Stil	Stilo
Tänzer	Dancistoj
Technik	Tekniko

Barbecues
Rostokradoj

Abendessen	Vespermanĝo
Familie	Familio
Freunde	Amikoj
Frucht	Frukto
Gabeln	Forkoj
Gemüse	Legomoj
Grill	Grilo
Heiss	Varma
Huhn	Kokido
Hunger	Malsato
Kinder	Infanoj
Messer	Trancîloj
Mittagessen	Tagmanĝo
Musik	Muziko
Pfeffer	Pipro
Salate	Saladoj
Salz	Salo
Sommer	Somero
Sosse	Saŭco
Spiele	Ludoj

Bauernhof #1
Bieno #1

Biene	Abelo
Dünger	Sterko
Esel	Azeno
Feld	Kampo
Heu	Fojno
Honig	Mielo
Huhn	Kokido
Hund	Hundo
Kalb	Bovido
Katze	Kato
Krähe	Korvo
Kuh	Bovino
Land	Tero
Landwirtschaft	Agrikulturo
Pferd	Ĉevalo
Reis	Rizo
Schwein	Porko
Wasser	Akvo
Zaun	Barilo
Ziege	Kapro

Bauernhof #2
Bieno #2

Bauer	Kulturo
Bewässerung	Irigado
Ente	Anaso
Essen	Manĝo
Frucht	Frukto
Gänse	Anseroj
Gemüse	Legomo
Gerste	Hordeo
Lama	Lamo
Lamm	Ŝafido
Mais	Maizo
Milch	Lakto
Reif	Matura
Schaf	Ŝafo
Scheune	Grenejo
Tiere	Bestoj
Traktor	Tractor
Weizen	Tritiko
Wiese	Herbejo

Berufe #1
Profesioj #1

Arzt	Doktoro
Astronom	Astronomo
Bankier	Bankisto
Botschafter	Ambasadoro
Buchhalter	Librotenisto
Geologe	Geologo
Jäger	Ĉasisto
Juwelier	Juvelisto
Kartograph	Kartografo
Klempner	Plumbisto
Krankenschwester	Vartistino
Künstler	Artisto
Musiker	Muzikisto
Pianist	Pianisto
Psychologe	Psikologo
Rechtsanwalt	Advokato
Schneider	Tajloro
Tänzer	Dancisto
Tierarzt	Veterinaro
Trainer	Trejnisto

Berufe #2
Profesioj #2

Arzt	Kuracisto
Astronaut	Astronaŭto
Bibliothekar	Bibliotecario
Biologe	Biologo
Chirurg	Kirurgo
Detektiv	Detektivo
Erfinder	Inventinto
Forscher	Esploristo
Fotograf	Fotisto
Gärtner	Ĝardenisto
Illustrator	Ilustristo
Ingenieur	Inĝeniero
Journalist	Ĵurnalisto
Lehrer	Instruisto
Linguist	Lingvisto
Maler	Pentristo
Philosoph	Filozofo
Pilot	Piloto
Zahnarzt	Dentisto
Zoologe	Zoologo

Bienen
Abeloj

Bestäuber	Pollinator
Bienenkorb	Abelujo
Blumen	Floroj
Blüte	Floro
Flügel	Flugiloj
Frucht	Frukto
Garten	Ĝardeno
Honig	Mielo
Insekt	Insekto
Königin	Reĝino
Lebensraum	Habitato
Ökosystem	Ekosistema
Pflanzen	Plantoj
Pollen	Poleno
Rauch	Fumo
Schwarm	Svarmo
Sonne	Suno
Vielfalt	Diverseco
Vorteilhaft	Utila
Wachs	Vakso

Bildende Kunst
Vidaj Artoj

Architektur	Arkitekturo
Bleistift	Krajono
Film	Filmo
Foto	Foto
Gemälde	Pentro
Holzkohle	Karbo
Keramik	Ceramiko
Kreativität	Kreavo
Kreide	Kreto
Künstler	Artisto
Lack	Glazuro
Meisterwerk	Ĉefverko
Perspektive	Perspektivo
Porträt	Portreto
Schablone	Ŝablona
Skulptur	Skulptaĵo
Staffelei	Establo
Stift	Plumo
Ton	Argilo
Wachs	Vakso

Biologie
Biologio

Anatomie	Anatomio
Chromosom	Kromosomo
Embryo	Embrio
Enzym	Enzimo
Evolution	Evoluo
Hormon	Hormono
Kollagen	Collagen
Mutation	Mutatio
Natürlich	Natura
Nerv	Nervo
Neuron	Neurono
Osmose	Osmozo
Pflanzen	Plantoj
Photosynthese	Fotosintezo
Protein	Proteino
Reptil	Reptilio
Säugetier	Mamulo
Symbiose	Simbiozo
Synapse	Synapse
Zelle	Ĉelo

Boote
Boatoj

Anker	Ankro
Boje	Buo
Crew	Skipo
Dock	Doko
Fähre	Primo
Floss	Floso
Fluss	Rivero
Kajak	Kajako
Kanu	Kanuo
Mast	Masto
Meer	Maro
Motor	Motoro
Nautisch	Naŭtika
Ozean	Oceano
Rettungsboot	Savboato
See	Lago
Segelboot	Velŝipo
Seil	Ŝnuro
Wellen	Ondoj
Yacht	Jaĉto

Boxen
Boksado

Ecke	Angulo
Ellbogen	Kubuto
Erschöpft	Elĉerpita
Faust	Pugno
Fähigkeit	Lerto
Fokus	Fokuso
Gegner	Kontraŭulo
Glocke	Sonorilo
Handschuhe	Gantoj
Kämpfer	Batalanto
Kick	Piedbato
Kinn	Mentono
Körper	Korpo
Punkte	Punktoj
Recovery	Retrovo
Schnell	Rapide
Seile	Ŝnuroj
Stärke	Forto

Bücher
Libroj

Abenteuer	Aventuro
Autor	Aŭtoro
Dualität	Dueco
Episch	Epopea
Erfinderisch	Inventa
Erzähler	Rakontanto
Gedicht	Poemo
Geschichte	Rakonto
Geschrieben	Skriba
Historisch	Historia
Humorvoll	Humura
Kollektion	Kolekto
Kontext	Kunteksto
Leser	Leganto
Literarisch	Literatura
Poesie	Poezio
Roman	Romano
Seite	Paĝo
Serie	Serio
Tragisch	Tragika

Camping
Tendumado

Abenteuer	Aventuro
Berg	Monto
Feuer	Fajro
Hängematte	Hamako
Hut	Ĉapelo
Insekt	Insekto
Jagd	Ĉasado
Kabine	Kabano
Kanu	Kanuo
Karte	Mapo
Kompass	Kompaso
Laterne	Lanterno
Mond	Luno
Natur	Naturo
See	Lago
Seil	Ŝnuro
Spass	Amuza
Tiere	Bestoj
Wald	Arbaro
Zelt	Tendo

Chemie
Kemio

Alkalisch	Alkala
Chlor	Kloro
Elektron	Elektrono
Enzym	Enzimo
Flüssigkeit	Likva
Gas	Gazo
Gewicht	Pezo
Hitze	Varmo
Ion	Jono
Katalysator	Katalizilo
Kohlenstoff	Karbono
Molekül	Molekulo
Nuklear	Nuklea
Organisch	Organika
Reaktion	Reago
Salz	Salo
Sauerstoff	Oksigeno
Säure	Acido
Temperatur	Temperaturo
Wasserstoff	Hidrogeno

Das Unternehmen
La Firmao

Beschäftigung	Dungo
Einheiten	Unuoj
Einnahmen	Enspezo
Entscheidung	Decido
Fortschritt	Progreso
Geschäft	Komerco
Global	Tutmonda
Industrie	Industrio
Innovativ	Noviga
Investition	Investo
Kreativ	Krea
Löhne	Salajroj
Möglichkeit	Ebleco
Präsentation	Prezento
Produkt	Produkto
Professionell	Profesia
Qualität	Kvalito
Ressourcen	Rimedoj
Risiken	Riskoj
Ruf	Reputacio

Diplomatie
Diplomatio

Ausländisch	Fremda
Berater	Konsilanto
Botschaft	Ambasado
Botschafter	Ambasadoro
Bürger	Civitanoj
Diplomatisch	Diplomatia
Diskussion	Diskuto
Ethik	Etiko
Gemeinschaft	Komunumo
Gerechtigkeit	Justeco
Humanitär	Humanitaro
Integrität	Integreco
Konflikt	Konflikto
Lösung	Solvo
Politik	Politiko
Regierung	Registaro
Sicherheit	Sekureco
Sprachen	Lingvoj
Vertrag	Traktato
Zusammenarbeit	Kunlaboro

Einwanderung
Enmigrado

Erwachsene	Plenkreskuloj
Finanzierung	Financado
Frist	Limdato
Gehäuse	Loĝoj
Genehmigung	Aprobo
Gesetz	Leĝo
Grenzen	Limoj
Hilfe	Helpo
Kinder	Infanoj
Kommunikation	Komuniko
Lösung	Solvo
Offizier	Oficiro
Prozess	Proceso
Schutz	Protekto
Situation	Situacio
Sprache	Lingvo
Stress	Streĉo
Verhandlung	Negocado
Verwaltung	Administro

Elektrizität
Elektro

Ausrüstung	Ekipaĵo
Batterie	Baterio
Drähte	Dratoj
Elektriker	Elektristo
Elektrisch	Elektro
Fernsehen	Televido
Generator	Generatoro
Kabel	Kablo
Lagerung	Stokado
Lampe	Lampo
Laser	Lasero
Magnet	Magneto
Menge	Kvanto
Negativ	Negativo
Netzwerk	Reto
Objekte	Celoj
Positiv	Pozitiva
Steckdose	Ingo
Telefon	Telefono

Energie
Energio

Batterie	Baterio
Benzin	Benzino
Brennstoff	Fuelo
Diesel	Dezelo
Elektrisch	Elektro
Elektron	Elektrono
Entropie	Entropio
Erneuerbar	Renovigebla
Hitze	Varmo
Industrie	Industrio
Kohlenstoff	Karbono
Motor	Motoro
Nuklear	Nuklea
Photon	Fotono
Sonne	Suno
Turbine	Turbino
Umwelt	Medio
Verschmutzung	Poluo
Wasserstoff	Hidrogeno
Wind	Vento

Ernährung
Nutrado

Appetit	Apetito
Ausgewogen	Ekvilibra
Bitter	Amara
Diät	Dieto
Essbar	Manĝebla
Fermentation	Fermentado
Geschmack	Gusto
Gesund	Sana
Gesundheit	Sano
Getreide	Cerealoj
Gewicht	Pezo
Kalorien	Kalorioj
Nährstoff	# Nutra? O
Portion	Parto
Proteine	Proteinoj
Qualität	Kvalito
Sosse	Saŭco
Toxin	Toksino
Verdauung	Digesto
Vitamin	Vitamino

Essen #1
Manĝaĵo Numero 1

Basilikum	Bazilo
Birne	Piro
Erdbeere	Frago
Erdnuss	Arakido
Fleisch	Viando
Kaffee	Kafo
Karotte	Karoto
Knoblauch	Ajlo
Milch	Lakto
Rübe	Rapo
Saft	Suko
Salat	Salato
Salz	Salo
Spinat	Spinaco
Suppe	Supo
Thunfisch	Tinuso
Zimt	Cinamo
Zitrone	Citrono
Zucker	Sukero
Zwiebel	Cepo

Essen #2
Manĝaĵo #2

Apfel	Pomo
Artischocke	Artiŝoko
Aubergine	Melanzo
Banane	Banano
Brokkoli	Brokolo
Brot	Pano
Ei	Ovo
Fisch	Fiŝo
Joghurt	Jogurto
Käse	Fromaĝo
Kirsche	Ĉerizo
Mandel	Migdalo
Pilz	Fungo
Reis	Rizo
Schinken	Ŝinko
Schokolade	Ĉokolado
Sellerie	Celerio
Spargel	Asparago
Tomate	Tomato
Weizen	Tritiko

Ethik
Etiko

Altruismus	Altruismo
Diplomatisch	Diplomatia
Ehrlichkeit	Honesteco
Geduld	Pacienco
Individualismus	Individuismo
Integrität	Integreco
Menschheit	Homaro
Mitgefühl	Kompato
Optimismus	Optimismo
Philosophie	Filozofio
Rationalität	Racieco
Realismus	Realismo
Respektvoll	Respekta
Toleranz	Toleremo
Vernünftig	Akceptebla
Weisheit	Saĝo
Werte	Valoroj
Würde	Digno
Zusammenarbeit	Kunlaboro

Fahren
Veturado

Auto	Aŭto
Bremsen	Bremsoj
Brennstoff	Fuelo
Bus	Buso
Garage	Garaĝo
Gas	Gazo
Gefahr	Danĝero
Geschwindigkeit	Rapido
Karte	Mapo
Lizenz	Permesilo
Lkw	Kamiono
Motor	Motoro
Motorrad	Motorciklo
Polizei	Polico
Sicherheit	Sekureco
Transport	Transportado
Tunnel	Tunelo
Unfall	Akcidento
Verkehr	Trafiko
Vorsicht	Atentu

Fahrzeuge
Veturiloj

Auto	Aŭto
Boot	Boato
Bus	Buso
Fahrrad	Biciklo
Fähre	Primo
Floss	Floso
Flugzeug	Aviadilo
Hubschrauber	Helikoptero
Krankenwagen	Ambulanco
Lkw	Kamiono
Motor	Motoro
Rakete	Raketo
Reifen	Pneŭoj
Roller	Skotero
Taxi	Taksio
Traktor	Tractor
U-Bahn	Metroo
U-Boot	Submarŝipo
Wohnwagen	Karavano
Zug	Trajno

Familie
Familio

Bruder	Frato
Ehefrau	Edzino
Ehemann	Edzo
Enkel	Nepo
Grossmutter	Avino
Grossvater	Avo
Kind	Infano
Kindheit	Infanaĝo
Mutter	Patrino
Mütterlich	Patrina
Neffe	Nevo
Nichte	Nevino
Onkel	Onklo
Schwester	Fratino
Tante	Onklino
Tochter	Filino
Vater	Patro
Väterlich	Patra
Vetter	Kuzo
Vorfahr	Prapatro

Flugzeuge
Aviadiloj

Abenteuer	Aventuro
Abstieg	Deveno
Atmosphäre	Atmosfero
Aufblasen	Ŝveligas
Ballon	Balono
Brennstoff	Fuelo
Crew	Skipo
Geschichte	Historio
Himmel	Ĉielo
Höhe	Alto
Konstruktion	Konstruo
Luft	Aero
Motor	Motoro
Navigieren	Navigi
Passagier	Pasaĝero
Pilot	Piloto
Propeller	Helicoj
Turbulenz	Turbuleco
Wasserstoff	Hidrogeno
Wetter	Vetero

Formen
Formoj

Bogen	Arko
Dreieck	Triangulo
Ecke	Angulo
Ellipse	Elipso
Hyperbel	Hiperbolo
Kanten	Randoj
Kegel	Konuso
Kreis	Cirklo
Kurve	Kurbo
Linie	Linio
Oval	Ovala
Polygon	Poligono
Prisma	Prismo
Pyramide	Piramido
Quadrat	Kvadrato
Rechteck	Rectangulo
Rund	Ronda
Seite	Flanko
Würfel	Kubo
Zylinder	Cilindro

Garten
Ĝardeno

Bank	Benko
Baum	Arbo
Blume	Floro
Boden	Trulo
Busch	Arbusto
Garage	Garaĝo
Garten	Ĝardeno
Gras	Herbo
Hängematte	Hamako
Rasen	Gazono
Rechen	Rasti
Schaufel	Ŝovelilo
Schlauch	Hoso
Teich	Lageto
Terrasse	Teraso
Trampolin	Trampolino
Unkraut	Herboj
Veranda	Verando
Zaun	Barilo

Gebäude
Konstruaĵoj

Bauernhof	Farmo
Botschaft	Ambasado
Fabrik	Uzino
Garage	Garaĝo
Herberge	Gastejo
Hotel	Hotelo
Kabine	Kabano
Kino	Kino
Krankenhaus	Hospitalo
Labor	Laboratorio
Museum	Muzeo
Observatorium	Observatorio
Scheune	Grenejo
Schule	Lernejo
Stadion	Stadio
Supermarkt	Superbazaro
Theater	Teatro
Turm	Turo
Universität	Universitato
Zelt	Tendo

Gemüse
Legomoj

Artischocke	Artiŝoko
Aubergine	Melanzo
Blumenkohl	Florbrasiko
Brokkoli	Brokolo
Erbse	Pizo
Gurke	Kukumo
Ingwer	Zingibro
Karotte	Karoto
Kartoffel	Terpomo
Knoblauch	Ajlo
Kürbis	Kukurbo
Olive	Olivo
Petersilie	Petroselo
Pilz	Fungo
Rübe	Rapo
Salat	Salato
Sellerie	Celerio
Spinat	Spinaco
Tomate	Tomato
Zwiebel	Cepo

Geographie
Geografio

Atlas	Atlaso
Äquator	Ekvatoro
Berg	Monto
Breite	Latitudo
Fluss	Rivero
Gebiet	Teritorio
Hemisphäre	Hemisfero
Höhe	Alteco
Insel	Insulo
Karte	Mapo
Kontinent	Kontinento
Land	Lando
Meer	Maro
Meridian	Meridiano
Norden	Nordo
Ozean	Oceano
Region	Regiono
Stadt	Urbo
Welt	Mondo
West	Okcidento

Geologie
Geologio

Erdbeben	Tertremo
Erosion	Erozio
Fossil	Fosilo
Geysir	Gejsero
Höhle	Kaverno
Kalzium	Kalcio
Kontinent	Kontinento
Koralle	Koralo
Lava	Lavo
Mineralien	Mineraloj
Plateau	Altebenaĵo
Quarz	Kvarco
Salz	Salo
Säure	Acido
Stalagmiten	Stalagmitoj
Stalaktit	Stalaktito
Stein	Ŝtono
Vulkan	Vulkano
Zone	Zono
Zyklen	Cikloj

Geometrie
Geometrio

Anteil	Proporcio
Berechnung	Kalkulo
Dimension	Dimensio
Dreieck	Triangulo
Durchmesser	Diametro
Gleichung	Ekvacio
Horizontal	Horizontala
Höhe	Alto
Kreis	Cirklo
Kurve	Kurbo
Logik	Logiko
Masse	Maso
Nummer	Numero
Oberfläche	Surfaco
Parallel	Paralelo
Quadrat	Kvadrato
Segment	Segmento
Symmetrie	Simetrio
Theorie	Teorio
Winkel	Angulo

Geschäft
Komerco

Arbeitgeber	Dunganto
Budget	Buĝeto
Büro	Oficejo
Chef	Estro
Einkommen	Enspezo
Fabrik	Uzino
Finanzieren	Financo
Geld	Mono
Geschäft	Butiko
Gewinn	Profito
Investition	Investo
Karriere	Kariero
Kosten	Kosto
Mitarbeiter	Dungito
Rabatt	Rabato
Steuern	Impostoj
Verkauf	Vendo
Ware	Varo
Währung	Valuto
Wirtschaft	Ekonomio

Gesundheit und Wellness #1
Sano kaj Wellness #1

Aktiv	Aktiva
Apotheke	Apoteko
Arzt	Doktoro
Bakterien	Bakterioj
Behandlung	Traktado
Entspannung	Malstreĉiĝo
Fraktur	Frakturo
Gewohnheit	Kutimo
Haut	# ha? To
Hormone	Hormonoj
Höhe	Alto
Hunger	Malsato
Klinik	Kliniko
Knochen	Ostoj
Medizin	Medicino
Nerven	Nervoj
Reflex	Reflekso
Therapie	Terapio
Verletzung	Vundo
Virus	Viruso

Gesundheit und Wellness #2
Sano kaj Wellness #2

Allergie	Alergio
Anatomie	Anatomio
Appetit	Apetito
Blut	Sango
Diät	Dieto
Energie	Energio
Genetik	Genetiko
Gesund	Sana
Gewicht	Pezo
Hygiene	Higieno
Infektion	Infekto
Kalorie	Kalorio
Krankenhaus	Hospitalo
Krankheit	Malsano
Massage	Masaĝo
Risiken	Riskoj
Schlafen	Dormi
Sport	Sportoj
Stress	Streĉo
Vitamin	Vitamino

Gewürze
Spicoj

Anis	Anizo
Bitter	Amara
Curry	Curry
Fenchel	Fenkolo
Geschmack	Gusto
Ingwer	Zingibro
Kardamom	Cardamom
Knoblauch	Ajlo
Koriander	Koriandro
Kreuzkümmel	Kumino
Lakritze	Glikorico
Muskatnuss	Nutmeg
Pfeffer	Pipro
Safran	Safrano
Salz	Salo
Sauer	Acida
Süss	Dolĉa
Vanille	Vanilo
Zimt	Cinamo
Zwiebel	Cepo

Globale Erwärmung
Tutmonda # Varmi? O

Arktis	Arkto
Aufmerksamkeit	Atentu
Bevölkerung	Loĝantaroj
Daten	Datumo
Energie	Energio
Entwicklung	Evoluo
Gas	Gazo
Generationen	Generacioj
Gesetzgebung	Leĝo
Industrie	Industrio
International	Internacia
Jetzt	Nun
Klima	Klimato
Krise	Krizo
Lebensraum	Habitatoj
Regierung	Registaro
Temperaturen	Temperaturoj
Umwelt	Media
Wissenschaftler	Sciencisto
Zukunft	Estonteco

Haartypen
Haraj Tipoj

Blond	Blonda
Braun	Bruna
Dick	Dika
Dünn	Maldika
Farbig	Koloraj
Geflochten	Braided
Gesund	Sana
Glänzend	Brila
Grau	Griza
Kahl	Kalva
Kurz	Mallonga
Lang	Longa
Locken	Bukloj
Lockig	Bukla
Schwarz	Nigra
Silber	Arĝento
Trocken	Seka
Weich	Mola
Weiss	Blanka
Zöpfe	Plektaĵoj

Haus
Domo

Besen	Balao
Bibliothek	Biblioteko
Dach	Tegmento
Dachboden	Subtegmento
Decke	Plafono
Dusche	Duŝo
Fenster	Fenestro
Garage	Garaĝo
Garten	Ĝardeno
Kamin	Fajro
Küche	Kuirejo
Lampe	Lampo
Möbel	Meblo
Schlafzimmer	Dromoĉambro
Schornstein	Kamentubo
Spiegel	Spegulo
Tür	Pordo
Wand	Muro
Zaun	Barilo
Zimmer	Ĉambro

Ingenieurwesen
Inĝenieristiko

Achse	Akso
Berechnung	Kalkulo
Diagramm	Diagramo
Diesel	Dezelo
Durchmesser	Diametro
Energie	Energio
Flüssigkeit	Likva
Getriebe	Ilaroj
Hebel	Leviloj
Konstruktion	Konstruo
Maschine	Maŝino
Messung	Mezurado
Motor	Motoro
Reibung	Frotado
Stabilität	Stabileco
Stärke	Forto
Struktur	Strukturo
Tiefe	Profundo
Verteilung	Distribuo
Winkel	Angulo

Jazz
Ĵazo

Album	Albumo
Alt	Malnova
Applaus	Aplaŭdoj
Berühmt	Fama
Favoriten	Ŝatatoj
Genre	Varo
Improvisation	Improvizo
Komponist	Komponisto
Konzert	Koncerto
Künstler	Artisto
Lied	Kanto
Musik	Muziko
Musiker	Muzikistoj
Neu	Nova
Orchester	Orkestro
Rhythmus	Ritmo
Stil	Stilo
Talent	Talento
Technik	Tekniko
Zusammensetzung	Komponado

Kaffee
Kafo

Aroma	Aromo
Bitter	Amara
Creme	Kremo
Filter	Filtri
Flüssigkeit	Likva
Geschmack	Gusto
Getränk	Trinkaĵo
Koffein	Kafeino
Mahlen	Mueli
Milch	Lakto
Morgen	Mateno
Preis	Prezo
Schwarz	Nigra
Tasse	Taso
Ursprung	Origino
Vielfalt	Vario
Wasser	Akvo
Zucker	Sukero

Kleidung
Vestoj

Armband	Braceleto
Bluse	Bluzo
Gürtel	Zono
Halskette	Koliero
Handschuhe	Gantoj
Hemd	Ĉemizo
Hose	Pantalono
Hut	Ĉapelo
Jacke	Jako
Kleid	Vesto
Mantel	Mantelo
Mode	Modo
Pullover	Seveter
Rock	Jupo
Sandalen	Sandaloj
Schal	Skulo
Schlafanzug	Piĵamo
Schmuck	Juveloj
Schuh	Ŝuo
Schürze	Antaŭtuko

Klettern
Grimpado

Atmosphäre	Atmosfero
Ausbildung	Trejnado
Experte	Sperta
Führer	Gvidiloj
Gelände	Tereno
Handschuhe	Gantoj
Helm	Kasko
Höhe	Alteco
Höhle	Kaverno
Karte	Mapo
Neugier	Scivolemo
Physisch	Fizika
Schmal	Mallarĝa
Stabilität	Stabileco
Stärke	Forto
Stiefel	Botoj
Verletzung	Vundo
Wandern	Altiganta

Krankheit
Malsano

Abdominal	Abdomenaj
Akut	Akuta
Allergien	Alergioj
Ansteckend	Kontaĝa
Atemwege	Spira
Bakteriell	Bakterio
Chronisch	Kroniko
Entzündung	Inflamo
Erblich	Hereda
Genetisch	Genetiko
Gesundheit	Sano
Herz	Koro
Immunität	Imuneco
Knochen	Ostoj
Körper	Korpo
Neuropathie	Neuropatio
Schwach	Malforta
Sinus	Sinuso
Syndrom	Sindromo
Therapie	Terapio

Kräuterkunde
Herbalism

Aromatisch	Aromaj
Basilikum	Bazilo
Blume	Floro
Estragon	Tarragon
Fenchel	Fenkolo
Garten	Ĝardeno
Geschmack	Gusto
Grün	Verda
Knoblauch	Ajlo
Kulinarisch	Kulinara
Lavendel	Lavendo
Majoran	Marĝoromo
Petersilie	Petroselo
Pflanze	Planto
Qualität	Kvalito
Rosmarin	Romero
Safran	Safrano
Thymian	Timiano
Vorteilhaft	Utila
Zutat	Ingredienco

Kreativität
Kreivo

Ausdruck	Esprimo
Authentizität	Aŭtentikeco
Bild	Bildo
Dramatisch	Draman
Eindruck	Impreso
Erfinderisch	Inventa
Fähigkeit	Lerto
Flüssigkeit	Flueco
Gefühle	Sentoj
Ideen	Ideoj
Inspiration	Inspiro
Intensität	Intenseco
Intuition	Intuicio
Klarheit	Klareco
Künstlerisch	Arta
Phantasie	Imagpovo
Sensation	Sento
Spontan	Spontanea
Visionen	Vizioj
Vitalität	Vigleco

Kunst
Arto

Ausdruck	Esprimo
Ehrlich	Honesto
Einfach	Simpla
Gegenstand	Subjekto
Gemälde	Pentraĵoj
Inspiriert	Inspirita
Keramik	Ceramiko
Komplex	Komplekso
Original	Originala
Persönlich	Persona
Poesie	Poezio
Porträtieren	Portretu
Skulptur	Skulptaĵo
Stimmung	Humoro
Surrealismus	Superrealismo
Symbol	Simbolo
Visuell	Vida
Zusammensetzung	Komponado

Kunst Liefert
Arto Provizoj

Acryl	Akriliko
Bleistifte	Krajonoj
Bürsten	Brosoj
Farben	Koloroj
Holzkohle	Karbo
Ideen	Ideoj
Kamera	Fotilo
Kreativität	Kreavo
Leim	Gluo
Öl	Oleo
Papier	Papero
Radiergummi	Eraser
Staffelei	Establo
Stuhl	Seĝo
Tabelle	Tablo
Tinte	Inko
Ton	Argilo
Wasser	Akvo

Küche
Kuirejo

Essen	Manĝo
Essstäbchen	Chopsticks
Gabeln	Forkoj
Gefrierschrank	Frostujo
Gewürze	Specoj
Grill	Grilo
Kelle	Ĉerpilo
Krug	Kruĉo
Kühlschrank	Fridujo
Löffel	Kuleroj
Messer	Tranĉiloj
Ofen	Forno
Rezept	Recepto
Schürze	Antaŭtuko
Schüssel	Bovlo
Schwamm	Spongo
Serviette	Buŝtuko
Tassen	Tasoj
Wasserkocher	Kaldrono

Landschaften
Pejzaĝoj

Berg	Monto
Eisberg	Glacebergo
Fluss	Rivero
Geysir	Gejsero
Gletscher	Glacero
Golf	Golfo
Halbinsel	Peninsulo
Höhle	Kaverno
Insel	Insulo
Lagune	Laguno
Meer	Maro
Oase	Oazo
See	Lago
Strand	Plaĝo
Sumpf	Marĉo
Tal	Valo
Tundra	Tundro
Vulkan	Vulkano
Wasserfall	Akvofalo
Wüste	Dezerto

Länder #1
Landoj #1

Ägypten	Egipto
Brasilien	Brazilo
Deutschland	Germanio
Finnland	Finnlando
Indien	Barato
Irak	Irako
Israel	Israelo
Italien	Italio
Kambodscha	Kambojo
Kanada	Kanado
Lettland	Latvio
Mali	Malio
Nicaragua	Nikaragvo
Norwegen	Norvegio
Polen	Pollando
Rumänien	Rumanio
Senegal	Senegalo
Spanien	Hispanio
Venezuela	Venezuelo
Vietnam	Vjetnamio

Länder #2
Landoj #2

Albanien	Albanio
Äthiopien	Etiopio
Frankreich	Francio
Griechenland	Grekio
Haiti	Haitio
Irland	Irlando
Jamaika	Jamajko
Japan	Japanio
Kenia	Kenjo
Laos	Laoso
Liberia	Liberio
Mexiko	Meksiko
Nepal	Nepalo
Nigeria	Nigerio
Pakistan	Pakistano
Russland	Rusio
Sudan	Sudano
Syrien	Sirio
Uganda	Ugando
Ukraine	Ukrainio

Literatur
Literaturo

Analogie	Analogio
Analyse	Analizo
Anekdote	Anekdoto
Autor	Aŭtoro
Beschreibung	Priskribo
Biographie	Biografio
Dialog	Dialogo
Erzähler	Rakontanto
Fiktion	Fikcio
Gedicht	Poemo
Metapher	Metaforo
Poetisch	Poezia
Reim	Rimo
Rhythmus	Ritmo
Roman	Romano
Schlussfolgerun g	Konkludo
Stil	Stilo
Thema	Temo
Tragödie	Tragedio
Vergleich	Komparo

Mathematik
Matematiko

Arithmetik	Aritmetiko
Bruchteil	Frakcio
Dezimal	Decimala
Dreieck	Triangulo
Durchmesser	Diametro
Exponent	Eksponento
Geometrie	Geometrio
Gleichung	Ekvacio
Parallel	Paralelo
Parallelogramm	Paralelogramo
Polygon	Poligono
Quadrat	Kvadrato
Radius	Radiuso
Rechteck	Rectangulo
Senkrecht	Perpendikula
Summe	Sumo
Symmetrie	Simetrio
Umfang	Cirkonferenco
Volumen	Volumo
Winkel	Anguloj

Meditation
Meditado

Annahme	Akcepto
Atmung	Spirado
Aufmerksamkeit	Atentu
Bewegung	Movado
Dankbarkeit	Dankon
Frieden	Paco
Gedanken	Pensoj
Geistig	Menta
Glück	Feliĉo
Haltung	Sinteno
Klarheit	Klareco
Lehre	Instruo
Mitgefühl	Kompato
Musik	Muziko
Natur	Naturo
Perspektive	Perspektivo
Ruhig	Trankvile
Stille	Silento
Verstand	Menso
Wach	Maldorma

Menschlicher Körper
Homa Korpo

Bein	Kruro
Blut	Sango
Ellbogen	Kubuto
Finger	Fingro
Gehirn	Cerbo
Gesicht	Vizaĝo
Hals	Kolo
Hand	Mano
Haut	# ha? To
Herz	Koro
Kiefer	Makzelo
Kinn	Mentono
Knie	Genuo
Knöchel	Maleolo
Kopf	Kapo
Mund	Buŝo
Nase	Nazo
Ohr	Orelo
Schulter	Ŝultro
Zunge	Lango

Messungen
Mezuradoj

Breite	Larĝo
Byte	Bajto
Dezimal	Decimala
Gewicht	Pezo
Grad	Grado
Gramm	Gramo
Höhe	Alto
Kilogramm	Kilogramo
Kilometer	Kilometro
Länge	Longo
Liter	Litro
Masse	Maso
Meter	Metro
Minute	Minuto
Tiefe	Profundo
Tonne	Tuno
Unze	Unco
Volumen	Volumo
Zentimeter	Centimetro
Zoll	Colo

Mode
Modo

Bescheiden	Modesta
Boutique	Boutique
Einfach	Simpla
Elegant	Eleganta
Kleidung	Vesto
Komfortabel	Komforta
Minimalistisch	Minimalista
Modern	Moderna
Muster	Skemo
Original	Originala
Praktisch	Praktika
Spitze	Punto
Stickerei	Bromado
Stil	Stilo
Stoff	Tifo
Tasten	Butonoj
Teuer	Kosta
Textur	Teksturo
Trend	Tendenco

Musik
Muziko

Album	Albumo
Ballade	Balado
Chor	Ĥoro
Harmonie	Harmonio
Harmonisch	Harmoniko
Improvisieren	Improvizi
Instrument	Instrumento
Klassisch	Klasika
Lyrisch	Liriko
Melodie	Melodio
Mikrofon	Mikrofono
Musical	Muzika
Musiker	Muzikisto
Oper	Opero
Poetisch	Poezia
Rhythmisch	Ritma
Rhythmus	Ritmo
Sänger	Kantisto
Singen	Kantu
Tempo	Takto

Mythologie
Mitologio

Archetyp	Arketipo
Blitz	Fulmo
Donner	Tondro
Eifersucht	Ĵaluzo
Held	Heroo
Himmel	Ĉielo
Katastrophe	Katastrofo
Kreation	Kreo
Kreatur	Besto
Krieger	Milito
Kultur	Kulturo
Labyrinth	Labirinto
Legende	Legendo
Magisch	Magia
Monster	Monstro
Rache	Venĝo
Stärke	Forto
Sterblich	Morta
Unsterblichkeit	Senmorteco
Verhalten	Konduto

Natur
Naturo

Arktis	Arkto
Berge	Montoj
Bienen	Abeloj
Dynamisch	Dinamika
Erosion	Erozio
Fluss	Rivero
Friedlich	Paca
Gletscher	Glacero
Heiligtum	Rifuĝo
Heiter	Serena
Laub	Folioj
Lebenswichtig	Nemalhavebla
Nebel	Nebulo
Schönheit	Beleco
Tiere	Bestoj
Tropisch	Tropika
Wald	Arbaro
Wild	Sovaĝa
Wolken	Nuboj
Wüste	Dezerto

Obst
Frukto

Ananas	Ananaso
Apfel	Pomo
Aprikose	Abrikoto
Avocado	Avokado
Banane	Banano
Beere	Bero
Birne	Piro
Brombeere	Ruso
Himbeere	Frambo
Kirsche	Ĉerizo
Kiwi	Kivo
Kokosnuss	Kokoso
Melone	Melono
Nektarine	Nektarino
Orange	Oranĝo
Papaya	Papajo
Pfirsich	Persiko
Pflaume	Pruno
Traube	Vinbero
Zitrone	Citrono

Ozean
Oceano

Aal	Angilo
Auster	Ostro
Boot	Boato
Delfin	Delfeno
Fisch	Fiŝo
Garnele	Salikoko
Hai	Ŝarko
Koralle	Koralo
Krabbe	Krabo
Krake	Polpo
Qualle	Meduzoj
Riff	Rifo
Salz	Salo
Schildkröte	Testudo
Schwamm	Spongo
Seetang	Algo
Sturm	Ŝtormo
Thunfisch	Tinuso
Wal	Baleno
Wellen	Ondoj

Ökologie
Ekologio

Art	Specio
Berge	Montoj
Dürre	Sekeco
Fauna	Faŭno
Flora	Flora
Freiwillige	Volontuloj
Gemeinschaft	Komunumoj
Global	Tutmonda
Klima	Klimato
Lebensraum	Habitato
Marine	Mara
Nachhaltig	Daŭrigebla
Natur	Naturo
Natürlich	Natura
Pflanzen	Plantoj
Ressourcen	Rimedoj
Sumpf	Marĉo
Überleben	Supervivo
Vegetation	Vegetaĵaro
Vielfalt	Diverseco

Pflanzen
Plantoj

Bambus	Bambuo
Baum	Arbo
Beere	Bero
Blatt	Folio
Blume	Floro
Blütenblatt	Petalo
Bohne	Fabo
Botanik	Botaniko
Busch	Arbusto
Dünger	Sterko
Efeu	Hedero
Flora	Flora
Garten	Ĝardeno
Gras	Herbo
Kaktus	Kakto
Laub	Folioj
Moos	Musko
Vegetation	Vegetaĵaro
Wald	Arbaro
Wurzel	Radiko

Philanthropie
Filantropio

Brauchen	Devas
Ehrlichkeit	Honesteco
Finanzieren	Financo
Gemeinschaft	Komunumo
Geschichte	Historio
Global	Tutmonda
Grosszügigkeit	Malavareco
Gruppen	Grupoj
Jugend	Junulo
Kinder	Infanoj
Kontakte	Kontaktoj
Menschen	Homoj
Menschheit	Homaro
Mission	Misio
Mittel	Fundoj
Nächstenliebe	Bonfarado
Öffentlich	Publiko
Programme	Programoj
Ziele	Celoj

Physik
Fiziko

Atom	Atomo
Beschleunigung	Akcelo
Chaos	Kaoso
Chemisch	Kemiko
Dichte	Denso
Elektron	Elektrono
Experiment	Eksperimento
Formel	Formulo
Frequenz	Frekvenco
Gas	Gazo
Geschwindigkeit	Rapideco
Magnetismus	Magnetismo
Masse	Maso
Mechanik	Mekaniko
Molekül	Molekulo
Motor	Motoro
Nuklear	Nuklea
Partikel	Partiklo
Relativität	Relativeco
Universal	Universala

Psychologie
Psikologio

Bewertung	Takso
Bewusstlos	Senkonscia
Ego	Egoismo
Einflüsse	Influoj
Gedanken	Pensoj
Ideen	Ideoj
Kindheit	Infanaĝo
Klinisch	Klinika
Kognition	Sciiĝo
Konflikt	Konflikto
Persönlichkeit	Personeco
Problem	Problemo
Sensation	Sento
Termin	Nomumo
Therapie	Terapio
Träume	Sonĝoj
Unterbewusstsein	Subkonscia
Verhalten	Konduto
Wahrnehmung	Percepto
Wirklichkeit	Realo

Regierung
Registaro

Bezirk	Distrikto
Demokratie	Demokratio
Denkmal	Monumento
Diskussion	Diskuto
Freiheit	Libereco
Friedlich	Paca
Führer	Gvidanto
Gerechtigkeit	Justeco
Gesetz	Leĝo
Gleichheit	Egaleco
Nation	Nacio
National	Nacia
Politik	Politiko
Rechte	Rajtoj
Rede	Parolado
Staat	Stato
Symbol	Simbolo
Unabhängigkeit	Independence
Verfassung	Konstitucio
Zivil	Civila

Restaurant #2
Restoracio #2

Abendessen	Vespermanĝo
Eier	Ovoj
Eis	Glacio
Fisch	Fiŝo
Frucht	Frukto
Gabel	Forko
Gemüse	Legomoj
Getränk	Trinkaĵo
Gewürze	Specoj
Kellner	Kelnero
Köstlich	Bonaj
Kuchen	Kuko
Löffel	Kulero
Mittagessen	Tagmanĝo
Salat	Salato
Salz	Salo
Stuhl	Seĝo
Suppe	Supo
Wasser	Akvo

Säugetiere
Mamuloj

Affe	Simio
Bär	Urso
Biber	Kastoro
Elefant	Elefanto
Fuchs	Vulpo
Giraffe	Ĝirafo
Gorilla	Gorilo
Hund	Hundo
Känguru	Kanguruo
Kojote	Kojoto
Löwe	Leono
Panther	Pantero
Pferd	Ĉevalo
Ratte	Rato
Schaf	Ŝafo
Stier	Virbovo
Tiger	Tigro
Wal	Baleno
Wolf	Lupo
Zebra	Zebro

Schokolade
Ĉokolado

Antioxidans	Antioxidanto
Aroma	Aromo
Bitter	Amara
Erdnüsse	Arakidoj
Exotisch	Ekzota
Favorit	Ŝatata
Geschmack	Gusto
Kakao	Kakao
Kalorien	Kalorioj
Karamell	Karamelo
Kokosnuss	Kokoso
Köstlich	Bonaj
Pulver	Pulvoro
Qualität	Kvalito
Rezept	Recepto
Süss	Dolĉa
Zucker	Sukero
Zutat	Ingredienco

Schönheit
Beleco

Anmut	Grace
Charme	Ĉarmo
Dienstleistungen	Servoj
Duft	Parfumo
Elegant	Eleganta
Eleganz	Eleganteco
Farbe	Koloro
Fotogen	Fotogénico
Glatt	Glata
Haut	# ha? To
Kosmetik	Kosmetikoj
Locken	Bukloj
Produkte	Produtoj
Schere	Tondilo
Shampoo	Ŝampuo
Spiegel	Spegulo
Stylist	Stilisto
Wimperntusche	Mascara

Science Fiction
Sciencfikcio

Bücher	Libroj
Dystopie	Distopio
Explosion	Eksplodo
Extrem	Ekstrema
Fantastisch	Mirinda
Feuer	Fajro
Futuristisch	Futurista
Galaxie	Galaksio
Geheimnisvoll	Mistera
Illusion	Iluzio
Imaginär	Imaga
Kino	Kino
Orakel	Orakolo
Planet	Planedo
Realistisch	Realismo
Roboter	Robotoj
Szenario	Sceno
Technologie	Teknologio
Utopie	Utopio
Welt	Mondo

Stadt
Urbo

Apotheke	Apoteko
Bank	Banko
Bäckerei	Bakejo
Bibliothek	Biblioteko
Blumenhändler	Floristo
Buchhandlung	Librejo
Flughafen	Flughaveno
Galerie	Galero
Hotel	Hotelo
Kino	Kino
Klinik	Kliniko
Markt	Merkato
Museum	Muzeo
Restaurant	Restoracio
Schule	Lernejo
Stadion	Stadio
Supermarkt	Superbazaro
Theater	Teatro
Universität	Universitato
Zoo	Zoo

Tage und Monate
Tagoj kaj Monatoj

August	Aŭgusto
Dezember	Decembro
Dienstag	Mardo
Donnerstag	Ĵaŭdo
Februar	Februaro
Freitag	Vendredo
Jahr	Jaro
Januar	Januaro
Juli	Julio
Juni	Junio
Kalender	Kalendaro
Mittwoch	Merkredo
Monat	Monato
Montag	Lundo
November	Novembro
Oktober	Oktobro
Samstag	Sabato
September	Septembro
Sonntag	Dimanĉo
Woche	Semajno

Tanzen
Danco

Akademie	Akademio
Anmut	Grace
Ausdrucksvoll	Esprima
Bewegung	Movado
Choreographie	Koregrafio
Emotion	Emocio
Freudig	Ĝoja
Haltung	Sinteno
Klassisch	Klasika
Körper	Korpo
Kultur	Kulturo
Kulturell	Kultura
Kunst	Arto
Musik	Muziko
Partner	Partnero
Probe	Provo
Rhythmus	Ritmo
Traditionell	Tradicia
Visuell	Vida

Universum
Universo

Asteroid	Asteroido
Astronom	Astronomo
Astronomie	Astronomio
Atmosphäre	Atmosfero
Äquator	Ekvatoro
Breite	Latitudo
Dunkelheit	Mallumo
Galaxie	Galaksio
Hemisphäre	Hemisfero
Himmel	Ĉielo
Himmlisch	Ĉiela
Horizont	Horizonto
Kosmisch	Kosma
Mond	Luno
Orbit	Orbito
Sichtbar	Videble
Solar	Suna
Sonnenwende	Solstico
Teleskop	Teleskopo
Tierkreis	Zodiako

Urlaub #2
Ferio #2

Ausländer	Fremdulo
Ausländisch	Fremda
Camping	Tendumado
Flughafen	Flughaveno
Freizeit	Libertempo
Hotel	Hotelo
Insel	Insulo
Karte	Mapo
Meer	Maro
Pass	Pasporto
Reise	Vojaĝo
Restaurant	Restoracio
Strand	Plaĝo
Taxi	Taksio
Transport	Transportado
Urlaub	Ferio
Visum	Viza
Zelt	Tendo
Ziel	Destino
Zug	Trajno

Vögel
Birdoj

Adler	Aglo
Ei	Ovo
Ente	Anaso
Eule	Strigo
Flamingo	Flamingo
Gans	Ansero
Huhn	Kokido
Krähe	Korvo
Kuckuck	Kukolo
Möwe	Mevo
Papagei	Papago
Pelikan	Pelikano
Pfau	Pavo
Pinguin	Pingveno
Rabe	Kovo
Reiher	Ardeo
Schwan	Cigno
Spatz	Pasero
Storch	Cikonio
Taube	Kolombo

Wandern
Altiganta

Berg	Monto
Camping	Tendumado
Führer	Gvidiloj
Gipfel	Punto
Karte	Mapo
Klima	Klimato
Klippe	Klifo
Müde	Laca
Natur	Naturo
Orientierung	Orientiĝo
Parks	Parkoj
Schwer	Peza
Sonne	Suno
Steine	Ŝtonoj
Stiefel	Botoj
Tiere	Bestoj
Vorbereitung	Preparo
Wasser	Akvo
Wetter	Vetero
Wild	Sovaĝa

Wetter
Vetero

Atmosphäre	Atmosfero
Blitz	Fulmo
Donner	Tondro
Dürre	Sekeco
Eis	Glacio
Feucht	Humida
Himmel	Ĉielo
Hurrikan	Uragano
Klima	Klimato
Nebel	Nebulo
Polar	Polusa
Regenbogen	Ĉielarko
Ruhig	Trankvile
Sturm	Ŝtormo
Temperatur	Temperaturo
Tornado	Tornado
Trocken	Seka
Tropisch	Tropika
Wind	Vento
Wolke	Nubo

Wissenschaft
Scienco

Atom	Atomo
Chemisch	Kemiko
Daten	Datumo
Evolution	Evoluo
Experiment	Eksperimento
Fossil	Fosilo
Hypothese	Hipotezo
Klima	Klimato
Labor	Laboratorio
Methode	Metodo
Mineralien	Mineraloj
Moleküle	Molekuloj
Natur	Naturo
Organismus	Organismo
Partikel	Eroj
Pflanzen	Plantoj
Physik	Fiziko
Schwerkraft	Gravito
Tatsache	Fakto
Wissenschaftler	Sciencisto

Wissenschaftliche Disziplinen
Sciencaj Disciplinoj

Anatomie	Anatomio
Archäologie	Arkeologio
Astronomie	Astronomio
Biochemie	Biokemio
Biologie	Biologio
Botanik	Botaniko
Chemie	Kemio
Geologie	Geologio
Immunologie	Imunologio
Kinesiologie	Kinesiology
Linguistik	Lingvistiko
Mechanik	Mekaniko
Mineralogie	Mineralogio
Neurologie	Neurologio
Ökologie	Ekologio
Physiologie	Fiziologio
Psychologie	Psikologio
Soziologie	Sociologio
Thermodynamik	Termodinamiko
Zoologie	Zoologio

Zahlen
Nombroj

Acht	Ok
Achtzehn	Dek Ok
Dezimal	Decimala
Drei	Tri
Dreizehn	Dek Tri
Fünf	Kvin
Fünfzehn	Dek Kvin
Neun	Naŭ
Neunzehn	Dek Naŭ
Null	Nul
Sechs	Ses
Sechzehn	Dek Ses
Sieben	Sep
Siebzehn	Dek Sep
Vier	Kvar
Vierzehn	Dek Kvar
Zehn	Dek
Zwanzig	Dudek
Zwei	Du
Zwölf	Dek Du

Zeit
Tempo

Früh	Frue
Gestern	Hieraŭ
Heute	Hodiaŭ
Jahr	Jaro
Jahrhundert	Jarcento
Jahrzehnt	Jardeko
Jetzt	Nun
Kalender	Kalendaro
Minute	Minuto
Mittag	Tagmezo
Monat	Monato
Morgen	Mateno
Nach	Post
Nacht	Nokto
Stunde	Hora
Tag	Tago
Uhr	Horloĝo
Vor	Antaŭ
Woche	Semajno
Zukunft	Estonteco

Gratuliere

Sie haben es geschafft !!

Wir hoffen, dass euch dieses Buch genauso viel Spaß gemacht hat wie uns dessen Herstellung. Wir tun unser Bestes, um qualitativ hochwertige Spiele zu erfinden. Diese Rätsel sind auf eine clevere Art und Weise entworfen, damit sie aktiv lernen und daran Vergnügen finden.

Hat ihnen das Buch gefallen ?

Eine einfache Bitte

Unsere Bücher existieren dank der Rezensionen, die sie veröffentlichen. Können sie uns helfen indem sie jetzt eine Meinung hinterlassen ?

Hier ist ein kurzer Link, der Sie zu ihrer Bewertungsseite führt

 BestBooksActivity.com/Rezension50

MONSTER HERAUSFÖRDERUNGEN !

Herausförderung 1

Bereit für ihr Bonusspiel? Wir verwenden sie ständig, aber sie sind nicht einfach zu finden. Es sind die **Synonyme** !

Notieren sie 5 Wörter, die sie in den untenstehenden Rätseln (Nummer 21, 36 und 76) entdeckt haben und versuchen sie für jedes Wort 2 Synonyme zu finden .

Notieren sie 5 Wörter aus **Rätsel 21**

Wörter	Synonym 1	Synonym 2

Notieren sie 5 Wörter aus **Rätsel 36**

Wörter	Synonym 1	Synonym 2

Notieren sie 5 Wörter aus **Rätsel 76**

Wörter	Synonym 1	Synonym 2

Herausförderung 2

Jetzt, wo sie warm sind, notieren sie 5 Wörter, die sie in jedem der untenaufgeführten Rätseln entdeckt haben (Nummer 9, 17 und 25) und versuchen sie für jedes Wort 2 Antonyme zu finden. Wie viele davon können sie binnen 20 Minuten finden ?

Notieren sie 5 Wörter aus **Rätsel 9**

Wörter	Antonym 1	Antonym 2

Notieren sie 5 Wörter aus **Rätsel 17**

Wörter	Antonym 1	Antonym 2

Notieren sie 5 Wörter aus **Rätsel 25**

Wörter	Antonym 1	Antonym 2

Herausförderung 3

Wunderbar, diese Monster Herausförderung 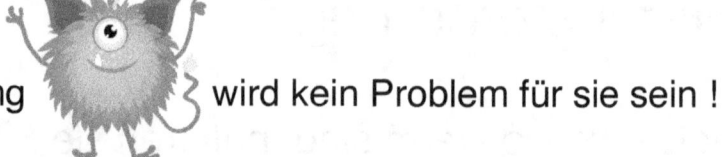 wird kein Problem für sie sein !

Bereit für die letzte Herausförderung? Wählen sie ihre 10 Lieblingswörter aus, die sie in einem Rätsel entdeckt haben und notieren sie sie unten.

1.	6.
2.	7.
3.	8.
4.	9.
5.	10.

Die Aufgabe besteht nun darin mit diesen Wörtern und in maximal sechs Sätzen einen Text herzustellen über eine Person, ein Tier oder ein Ort den sie lieben !

Tipp : sie können die letzten leeren Seiten dieses Buches als Entwurf verwenden

Ihr Schreiben :

NOTIZBUCH :

AUF BALDIGES WIEDERSEHEN !

Linguas Classics

KOSTENLOSE SPIELE GENIESSEN

GO

↓

BESTACTIVITYBOOKS.COM/FREEGAMES